MW00856259

« Des informations ainsi que des techniques concrètes et
utiles pour mettre les capacités naturelles du corps au
service de la guérison—une merveilleuse contribution. »

—Dr. Wayne Dyer

Auteur de : *Il existe une solution spirituelle à tous vos problèmes*

« Dr et Maître Sha est un éminent enseignant et un merveilleux
guérisseur, qui transmet un message précieux sur le
Pouvoir de l'Âme pour influencer et transformer toute vie. »

—Dr. Masaru Emoto

Auteur de : *Les messages cachés de l'eau*

« Dr et Maître Sha diffuse des techniques et des connaissances secrètes
qui n'étaient autrefois accessibles qu'à quelques privilégiés. Il partage en
termes simples les connaissances et les outils qu'il a acquis après plus
de 30 ans de discipline et de travail acharné. Il vous donne accès
à des informations qui, sans lui, demeureraient inaccessibles. »

—Dr. John Gray

Auteur de : *Les hommes viennent de Mars, les femmes viennent de Vénus*

« Nous, la race humaine, avons besoin de plus de Zhi Gang Sha. »

—Dr. Maya Angelou

Auteure de : *Je sais pourquoi chante l'oiseau en cage*

« Dr et Maître Sha offre un chemin clair et concret pour
l'apprentissage des secrets de l'auto-guérison. »

—Marianne Williamson

Auteure de : *Un retour à l'amour*

« La chanson du Tao que chante Dr et Maître Sha est un don musical.
Il y émane une pureté et une résonance que lui seul peut revendiquer.
Sa voix est comme la voix de Dieu en train de chanter. »

—Roberta Flack

Musicienne lauréate d'un Grammy Award

CHAMP DE GUÉRISON DE LA CALLIGRAPHIE DU TAO

UN SYSTÈME D'INFORMATION AVEC SIX TECHNIQUES SACRÉES DU TAO POUR VOUS DONNER LES MOYENS DE GUÉRIR ET DE TRANSFORMER VOTRE VIE

DR ET MAÎTRE ZHI GANG SHA

Les informations contenues dans ce livre sont à visée éducative, et non à des fins de diagnostic, de prescription ou de traitement de quelque trouble de santé que ce soit. Le contenu de ce livre est destiné à être utilisé comme un complément à un programme thérapeutique rationnel et responsable prescrit par un professionnel de santé. L'auteur et l'éditeur ne sont en aucun cas responsables d'une mauvaise utilisation de ce support.

Publié par Heaven's Library Publication Corp.
et Waterside Productions.

Heaven's Library Publication Corp.
30 Wertheim Court, Unit 27D
Richmond Hill, ON L4B 1B9 Canada
www.heavenslibrary.com
heavenslibrary@drsha.com

Waterside Productions
2055 Oxford Ave.
Cardiff, CA 92007
www.waterside.com

ISBN : 978-1-949003-72-7 impression à la demande
ISBN : 978-1-949003-73-4 ebook

Traduction française effectuée par : Travod International

Conception : Lynda Chaplin
Illustrations : Henderson Ong
Vidéos : Hardeep Kharbanda
Audio : Zhi Gang Sha

Table des matières

Liste des illustrations

Comment effectuer les pratiques de ce livre

CE LIVRE RENFERME une sagesse, un savoir et de nombreuses pratiques qui vous permettront de guérir et de transformer votre santé, vos relations, votre situation financière, et plus encore. En fait, tous mes livres sont une combinaison d'enseignements et de pratiques. La pratique est essentielle à la guérison et à la transformation. La sagesse dénuée de pratique n'est que théorie. La pratique dénuée de sagesse risque d'être incorrecte.

Ce livre inclut plus de vingt pratiques sacrées et mantras puissants qui m'ont été enseignés par la Source du Tao. Pour vous, cher lecteur, je suis ravi d'associer à ce livre des vidéos afin de vous soutenir dans votre pratique. Chacune d'elles vous guidera avec clarté, étape par étape, à travers les pratiques les plus importantes de ce livre. Je chante également les mantras sacrés associés à chaque pratique, pour que vous puissiez effectuer chacune d'elles avec les vidéos et avec mon chant ensemble.

Pratiquez. Pratiquez. Pratiquez.

Vivez la guérison.

Vivez la transformation.

Avec amour et bénédiction,

Dr et Maître Zhi Gang Sha

Accéder aux vidéos de pratique

Pour accéder aux vidéos, tapez l'URL ci-dessous, ou flashez le code QR avec votre smartphone ou tout autre appareil adéquat. Aucune application particulière n'est nécessaire.

https://tchf.heavenslibrary.com

Comment flasher un code QR avec un appareil Android

1. Activez l'appareil photo de votre téléphone.
2. Dirigez-le vers le code QR.
3. Suivez les instructions qui apparaissent à l'écran.

Comment flasher un code QR avec un appareil iOS

1. Activez l'appareil photo de votre téléphone.
2. Tenez votre appareil de façon à ce que le code QR apparaisse dans le viseur de l'appareil photo. Votre appareil reconnaît le code QR et affiche une notification.
3. Cliquez sur la notification pour ouvrir le lien associé au code QR.

Introduction

L'HUMANITÉ ET LA TERRE-MÈRE vivent une période particulière. Beaucoup de gens font face à de grands défis en matière de santé, de relations ou de finances. Beaucoup de catastrophes naturelles terribles se produisent. Les défis politiques et économiques se multiplient à travers le monde. L'humanité est confrontée à des défis dans son âme, dans son cœur, dans sa conscience et dans son corps.

Des millions de personnes sont à la recherche de solutions. Elles utilisent notamment la médecine conventionnelle, la médecine traditionnelle chinoise, les médecines alternatives et complémentaires, le yoga, le reiki, le qigong ou le tai-chi. Elles suivent des enseignements sur la pleine conscience, sur la méditation, et sur toutes sortes de chemins spirituels. Ces enseignements et ces pratiques sont soutenus par un ensemble de recherches sur les bienfaits du développement de l'énergie (le *qi*), de la pleine conscience, de la méditation, de la gratitude, du pardon, et d'autres pratiques. Des millions de personnes sont dans une quête sincère de guérison et de transformation.

Les sondages et les études montrent que les gens investissent beaucoup de ressources—en termes de temps, d'argent et d'énergie—pour leur santé, leur bien-être, la prévention des maladies, l'auto-guérison, un mode de vie plus sain, etc. Regardez l'illustration 1, qui analyse les dépenses mondiales en 2017 pour la santé et le bien-être.

Les gens veulent plus de paix intérieure et de joie intérieure dans les sphères des relations, des finances, de la santé, etc. Comment aider l'humanité à surmonter tous les défis rencontrés et à atteindre la paix intérieure et la joie intérieure ? Comment pouvez-vous acquérir la paix intérieure et la joie intérieure ?

Économie mondiale du bien-être
US 4,2 trillions de dollars en 2017

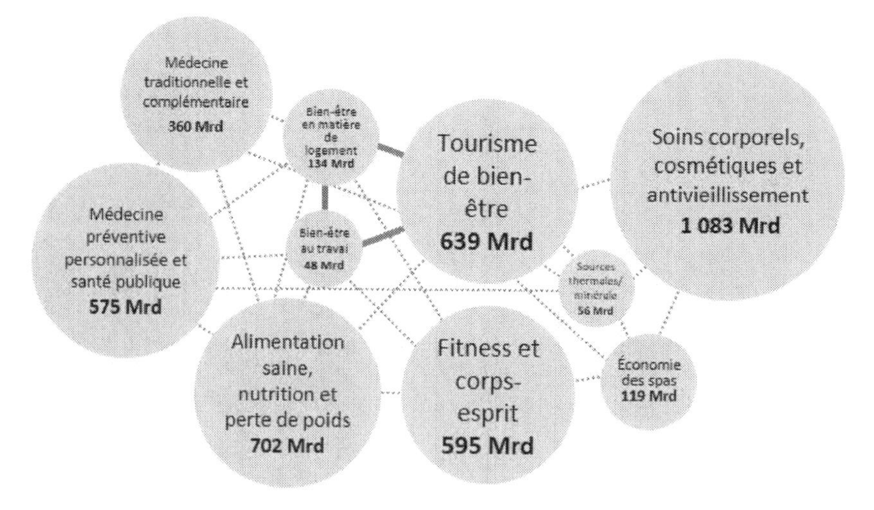

Source: Global Wellness Institute, Institut Mondial du Bien-Être, octobre 2018

Illustration 1. Économie mondiale du Bien-Être

Les gens veulent plus de paix intérieure et de joie intérieure dans les sphères des relations, des finances, de la santé, etc. Comment aider l'humanité à surmonter tous les défis rencontrés et à atteindre la paix intérieure et la joie intérieure ? Comment pouvez-vous acquérir la paix intérieure et la joie intérieure ?

En cette période particulière, je ressens que vous, votre famille, votre quartier, votre ville, votre pays et la Terre-Mère avez vraiment besoin d'amour, de paix et d'harmonie.

Pourquoi les gens sont-ils malades ? Pourquoi ont-ils des problèmes relationnels ? Pourquoi ont-ils des problèmes financiers ? En une phrase :

Les problèmes de santé, de relations ou de finances se manifestent parce que les domaines de la santé, des relations ou des finances ne sont pas dans l'amour, la paix et l'harmonie.

Comment apporter de l'amour, de la paix et de l'harmonie à vous-même, à l'humanité et à la Terre-Mère ? Nous pouvons commencer par la méditation.

La méditation peut apporter de la paix intérieure et de la joie intérieure. Des centaines de styles de méditation ont été développés depuis des millénaires. De nombreuses techniques de méditation sont très puissantes ; elles peuvent apporter une réelle transformation, en matière de santé comme dans les relations ou les finances.

Dans ce livre, j'ai l'honneur d'associer la sagesse ancienne et la sagesse moderne à des techniques concrètes pour guérir et transformer votre corps, vos relations, votre situation financière, et plus encore. Cette sagesse et ces techniques sont simples et puissantes. Elles pourraient améliorer rapidement votre santé, vos relations et votre situation financière.

Les problèmes, qu'ils soient de santé, de relations, de finances ou de quelque aspect de la vie, portent en eux des énergies bloquées. Les blocages créent un champ négatif. Guérir et transformer ces blocages, c'est transformer le champ négatif en un champ positif.

Ce livre partage six techniques sacrées du pouvoir du Tao—six techniques sacrées de la Source du Tao pour créer un champ positif d'amour, de paix et d'harmonie au niveau de la santé, des relations, des finances et de tout aspect de la vie.

La sagesse ancienne a révélé une loi universelle sacrée, la Loi du Shen Qi Jing. Shen 神 comprend *l'âme, le cœur* et *la conscience.* Qi 氣 signifie *l'énergie.* Jing 精 signifie *la matière.* La Loi du Shen Qi Jing déclare que tout et tout le monde est composé de shen, de qi et de jing, et explique les relations immuables entre le shen, le qi et le jing. (Par souci de simplicité, j'écrirai dorénavant « shen qi jing » pour signifier « le *shen,* le *qi* et le *jing* ».)

La fameuse formule d'Einstein, $E = mc^2$, exprime la loi physique selon laquelle la masse est équivalente à l'énergie. Elle indique qu'une énergie (E) peut être calculée comme la masse (m) multipliée par le carré de la vitesse de la lumière (c).

Dr Rulin Xiu et moi-même avons cocréé la Science du Tao,[1] une science de la création et de la grande unification, qui réunit sagesse spirituelle et sagesse scientifique. Nous partageons avec l'humanité la grande formule de l'unification, S + E + M = 1. Dans cette formule, S indique *shen*, E, *énergie* et M, *matière*. « 1 » représente le *Champ unifié de la Source du Tao*, qui est le grand champ unifié.

Le Tao est la Source. La Source est le Tao. La science du Tao explique que tous les problèmes, blocages et maladies rencontrés dans le corps, les relations, les finances et tout autre aspect de la vie sont dus au fait que shen qi jing ne sont pas alignés en Un. (S + E + M ≠ 1).

Un être humain est constitué de shen qi jing. Un animal est constitué de shen qi jing. Un océan est constitué de shen qi jing. Une montagne est constituée de shen qi jing. Les villes et les pays sont constitués de shen qi jing. La Terre-Mère est constituée de shen qi jing. La Terre-Mère n'est qu'une des planètes. Il existe d'innombrables planètes, étoiles, galaxies et univers. Tous sont constitués de shen qi jing.

La Loi du Shen Qi Jing énonce aussi :

靈到心到	ling dao xin dao	L'âme arrive, le cœur suit.
心到意到	xin dao yi dao	Le cœur arrive, la conscience suit.
意到氣到	yi dao qi dao	La conscience arrive, l'énergie suit.
氣到血到	qi dao xue dao	L'énergie arrive, la matière suit.

ling dao xin dao

« Ling 靈 » signifie *âme*. La physique quantique et la Science du Tao enseignent toutes les deux la notion d'information ou de message. À mon sens, ce que les sciences nomment l'information et ce que la spiritualité nomme l'âme est la même chose.

« Dao 到 » signifie *arriver*. « Xin 心 » signifie *le cœur*. « Ling dao xin dao » signifie *l'âme ou l'information arrive, le cœur arrive*. Cela nous enseigne que l'âme est le maître. L'âme guide le cœur. Ce cœur est plus que le cœur physique. C'est le cœur émotionnel et spirituel de tout être et de toute chose. Ce

[1] Voir *Tao Science: The Science, Wisdom, and Practice of Creation and Grand Unification* par Dr Rulin Xiu et moi-même (Cardiff, CA/Richmond Hill, ON: Waterside Press, Heaven's Library Publication Corp., 2017).

cœur est le récepteur de l'information ou du message. Quand notre cœur n'est ouvert qu'à dix pour cent, nous ne recevons que dix pour cent du message, et donc dix pour cent de ses bienfaits. Quand notre cœur est complètement ouvert, nous recevons pleinement les bienfaits du message. C'est pourquoi l'ouverture du cœur est une sagesse et une pratique sacrées de guérison et de transformation de tous les aspects de la vie.

xin dao yi dao

« Yi 意 » signifie *la conscience* et inclut la conscience superficielle, la conscience profonde, le subconscient, la conscience minimale, la conscience perceptive, la conscience d'accès, la conscience phénoménale, et plus encore. Depuis les temps anciens, toutes sont appelées « yi ». Yi peut aussi signifier *la pensée*. De nos jours, nous relions la conscience et la pensée—le mental—au cerveau (nao 腦). « Xin dao yi dao » signifie littéralement *le cœur arrive, la conscience arrive* ou *le cœur arrive, la conscience suit*. En d'autres termes, *le cœur transmet l'information ou le message à la conscience*. La conscience est le processeur du message.

yi dao qi dao

« Qi 氣 » signifie *l'énergie*. « Yi dao qi dao » signifie *la conscience transmet le message à l'énergie*. L'énergie est le moteur.

qi dao xue dao

« Xue 血 » signifie *le sang*, qui représente la matière. « Qi dao xue dao » signifie *l'énergie transmet le message à la matière*. La matière est le transformateur.

Ces quatre phrases de la Loi du Shen Qi Jing—ling dao xin dao, xin dao yi dao, yi dao qi dao, qi dao xue dao—expliquent les liens au sein du shen qi jing. Ces liens peuvent être décrits comme suit :

- ling (âme, information) : contenu du message
- xin (cœur de la vie) : récepteur du message
- nao (cerveau, mental, conscience) : processeur du message
- qi (énergie) : moteur du message
- jing (matière) : transformateur du message

Il s'agit là d'une sagesse sacrée et d'une pratique sacrée.

L'âme envoie le message ou l'information au cœur, qui le livre à la conscience, qui le transmet à son tour à l'énergie, qui l'envoie enfin à la matière, engendrant une action, un comportement, un mot ou une pensée. Une fois que la matière a transformé le message de la sorte, ce message transformé (en action, comportement, mot ou pensée) est envoyé à l'âme en guise de retour d'information. L'âme enverra alors un nouveau message. Tel est le processus sacré de l'être tout entier.

La Loi du Shen Qi Jing explique le système d'information d'un être. À l'instar de tout ce qui existe dans le monde du yin-yang, ce système d'information peut être divisé en yin et en yang, à savoir en système d'information positive et en système d'information négative.

La sagesse sacrée de ce système d'information peut expliquer :

- pourquoi nous tombons malades
- pourquoi nous rencontrons des problèmes relationnels ou financiers
- pourquoi nous faisons face à tout type de problème dans notre vie

Le secret tient en une phrase :

Tous les problèmes rencontrés dans la vie résultent d'un shen qi jing négatif ; tandis que la bonne santé, la paix intérieure et la joie intérieures ainsi que la réussite résultent d'un shen qi jing positif.

Par conséquent, ce système d'information peut aussi expliquer :

- comment la maladie peut être transformée
- comment transformer les problèmes relationnels ou financiers
- comment surmonter n'importe quel problème dans sa vie

Toute guérison et transformation, que ce soit dans le domaine de la santé, des relations, de l'argent ou autre, peut être résumée en une phrase :

Pour guérir et transformer toute vie, changez le shen qi jing négatif en shen qi jing positif.

La fréquence et la vibration forment un champ. La fréquence et la vibration des shen qi jing positifs forment un champ positif. La fréquence et la vibration des shen qi jing négatifs forment un champ négatif.

Dans la mesure où le shen qi jing forme un système d'information, l'information est la clé de la transformation de la vie. Transformer la vie, c'est créer des informations positives. C'est alors que se manifesteront un cœur positif, un esprit positif, une énergie positive et une matière positive.

Les six techniques sacrées du pouvoir du Tao et la sagesse que je présente dans ce livre créent des informations positives. Elles travaillent de concert pour créer un champ positif. L'application d'une de ces six techniques est puissante. L'application de ces six techniques sacrées ensemble est d'une puissance incomparable. L'application des six techniques sacrées du pouvoir du Tao peut apporter des résultats touchants et bouleversants, qui transformeront votre santé, vos relations et votre situation financière au-delà de l'entendement.

Ce livre est simple et très concret. Appliquez sa sagesse et effectuez ses pratiques au quotidien. Pratiquez avec les vidéos auxquelles vous avez accès grâce à ce livre, et chantez avec moi. Pratiquez cinq à dix minutes par jour, et vous pourrez en ressentir la fréquence et la vibration. Pratiquez une heure ou plus par jour, et vous pourrez bénéficier de bienfaits remarquables pour votre santé, vos relations ou vos finances.

Un ancien enseignement dit : « Si vous voulez savoir si une poire est sucrée, goûtez-la. » Si vous voulez savoir si cette sagesse et ces six techniques sacrées du pouvoir du Tao sont puissantes, faites-en l'expérience.

Le Pouvoir de la Calligraphie du Tao, ainsi que cinq autres techniques sacrées du pouvoir Du Tao (le Pouvoir du Corps, le Pouvoir de l'Âme, le Pouvoir du Son, le Pouvoir du Mental, le Pouvoir de la Respiration) créent un champ positif qui peuvent vous aider à tout guérir et transformer.

Il y a une vingtaine d'années, j'ai offert ce message à l'humanité pour la rendre autonome dans sa guérison :

J'ai le pouvoir de me guérir et de me transformer.
Vous avez le pouvoir de vous guérir et de vous transformer.
Ensemble, nous avons le pouvoir de guérir et de transformer le monde.

Ce livre partage la sagesse et les techniques sacrées permettant d'atteindre une grande guérison et une grande transformation.

Ce livre peut créer un champ positif de shen qi jing à partir de la Source du Tao, pour guérir et transformer toute vie.

Ce livre peut vous guider dans la transformation d'un champ de shen qi jing négatif en un champ de shen qi jing positif, dans n'importe quel aspect de votre vie.

Ce livre peut aider l'humanité et la Terre-Mère à créer une famille mondiale d'Amour, de Paix et d'Harmonie.

Pratiquez. Pratiquez. Pratiquez.

Faites l'expérience de la guérison.

Vivez la transformation.

J'aime mon cœur et mon âme
J'aime toute l'humanité
Joignons nos cœurs et nos âmes ensemble
Amour, paix et harmonie
Amour, paix et harmonie

Calligraphie du Tao

LA CALLIGRAPHIE EST UN ART. La calligraphie est une forme artistique et culturelle très répandue à travers l'histoire et le monde. Il n'y a guère de pays, de langue écrite ou de peuple—contemporain ou historique—pour lesquels la calligraphie n'ait pas eu son importance. Parmi ces peuples qui ont une culture de la calligraphie, on peut citer les Chinois, les peuples d'Asie orientale et d'Asie du Sud-Est, les Tibétains, les Celtes, les Grecs, les Perses, les écrivains du latin, les Allemands, les Italiens, les Bengalis, et bien d'autres encore.

Qu'est-ce que la Calligraphie du Tao ?

La Calligraphie du Tao se base sur la calligraphie chinoise. On recense de nombreux styles de calligraphie dans l'histoire de la Chine. La Calligraphie du Tao est fondée sur le style appelé Yi Bi Zi (一筆字), qui signifie *le caractère à un seul trait*. J'ai appris le Yi Bi Zi de feu la professeure Li Qiuyun, seule détentrice de la lignée du Tai Shi (太師), « maître suprême » de la cour impériale du dernier empereur de Chine.

Yi Bi Zi est l'écriture de l'unité. En chinois, les caractères sont formés à l'aide de seize types de traits essentiels. Ces éléments du caractère chinois ont en quelque sorte une fonction analogue aux vingt-six lettres de l'alphabet français, quoique le chinois écrit soit logosyllabique, ce qui n'est pas le cas du français.

Les seize traits fondamentaux sont représentés sur l'illustration 2 de la page suivante.

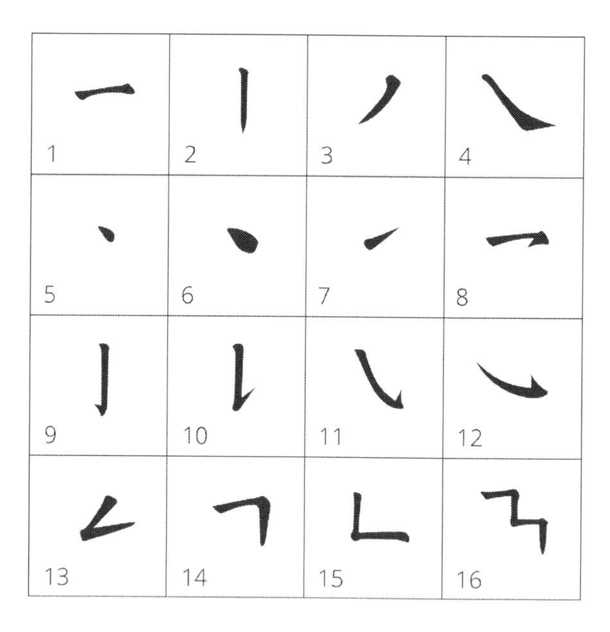

Illustration 2. Seize traits fondamentaux des caractères chinois

1. héng (横, horizontal, se prononce *heungue*)
2. shù (豎, vertical, se prononce *chou*)
3. piě (撇, descendant de droite à gauche, se prononce *pyeh*)
4. nà (捺, descendant de gauche à droite, se prononce *nah*)
5. xiǎo diǎn (小點, petit point, se prononce *siao diène*)
6. dà diǎn (大點, gros point, se prononce *dah diène*)
7. tí (提, ascendant, se prononce *ti*)
8. héng gōu (横鉤, crochet horizontal, se prononce *heungue gô*)
9. shù gōu（豎鉤, crochet vertical, se prononce *chou gô*)
10. fǎn gōu (反鉤, crochet vertical miroir, se prononce *fahn gô*)
11. xié gōu (斜鉤, crochet incliné, se prononce *chié gô*)
12. wān gōu (彎鉤, crochet incurvé, se prononce *ouahn gô*)
13. zuǒ zhé (左折, trait brisé à gauche, se prononce *zouow jeu*)
14. yòu zhé (右折, trait brisé à droite, se prononce *yô* jeu)
15. xià zhé (下折, trait brisé vers le bas, se prononce *chia jeu*)
16. lián zhé (連折, trait brisé multiple, se prononce *liène jeu*)

Laissez-moi vous expliquer le Yi Bi Zi. Le caractère chinois « ai » (voir illustration 3) signifie *amour*. En écriture traditionnelle chinoise normale,[2] ce caractère s'écrit à l'aide de treize traits distincts. Yi Bi Zi réunit ces treize éléments en un seul trait continu. C'est l'écriture de l'Unité.

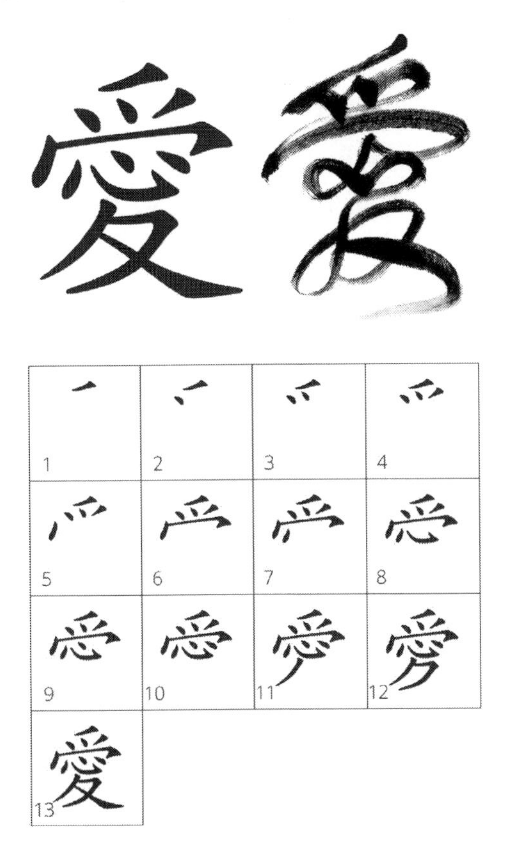

Illustration 3. Caractère chinois « ai » (*amour*) :
écriture traditionnelle (à gauche) et Yi Bi Zi (à droite)

Quand je pratique la calligraphie Yi Bi Zi, je me relie à la Source du Tao ainsi qu'à la sagesse, à la pratique et aux codes sacrés, aux saints, aux bouddhas, et plus encore. Ils versent dans la calligraphie le shen qi jing de la Source du

[2] Par opposition à l'écriture chinoise simplifiée, qui diffère de l'écriture traditionnelle pour de nombreux caractères (mais pas pour tous), dont « ai ».

Tao avec les dix plus grandes qualités[3] de la Source du Tao. La calligraphie Yi Bi Zi est transformée en Calligraphie du Tao.

Pouvoir et signification de la Calligraphie du Tao

D'après une ancienne sagesse puissante :

shu neng zai dao
書能載道

« Shu » signifie *calligraphie.* « Neng » signifie *être capable.* « Zai » signifie *porter.* « Dao » est *la Source du Tao.* « Shu neng zai dao » signifie *la calligraphie peut porter le Tao.*

La Calligraphie du Tao est l'écriture de l'Unité. Dans le *Dao De Jing,* Lao Tseu a écrit :

道生一	Dao sheng yi	Le Tao crée Un
一生二	yi sheng er	Un crée le Deux
二生三	er sheng san	Deux crée Trois
三生萬物	san sheng wan wu	Trois crée wan wu (toutes les choses)

Le Tao est la Source. « Un » *signifie hun dun yi qi.* « Hun dun » signifie *flou.* Yi signifie *Un.* Qi signifie *l'énergie.* « Hun dun yi qi » désigne *la condition floue de l'unité.*

Le Tao est le Créateur ultime. Le Tao crée Un, qui est hun dun yi qi. Dans cette condition floue de l'Unité, il y a deux qi : 清氣 qing qi et 濁氣 zhuo qi. « Qing qi » signifie *le qi pur* ou *léger.* « Zhuo qi » signifie *le qi perturbé* ou *lourd.* Ces deux qi sont mélangés. Ils ne sont ni différenciés ni séparés. C'est la condition floue de l'Unité.

Un crée Deux. Cette condition floue de l'Unité dure des siècles et des siècles. Elle attend le moment de transformation du qi. Quand la transformation du qi survient, le qing qi (le qi propre) s'élève pour former le Ciel, et le zhuo qi (le qi perturbé) tombe pour créer la Terre-Mère. C'est la sagesse de Lao Tseu sur la création du Ciel et de la Terre-Mère.

---

[3] J'expliquerai ces dix plus grandes qualités de la Source du Tao dans le chapitre deux. Il s'agit des qualités les plus positives du shen qi jing.

Deux crée Trois. « Trois » signifie *la condition floue de l'Unité, plus le Ciel et la Terre-Mère.*

Trois produit wan wu. « Wan » signifie *dix mille,* et représente ce qui est *innombrable.* « Wu » signifie *chose.* « Wan wu » signifie *d'innombrables planètes, étoiles, galaxies et univers.*

L'enseignement de Lao Tseu selon lequel le Tao crée Un, Deux crée Trois, et Trois crée d'innombrables planètes, étoiles, galaxies et univers est le processus de création normale du Tao.

La Calligraphie du Tao est l'écriture de l'Unité. Elle porte en elle un champ d'Unité. Pour l'écriture de la Calligraphie du Tao, j'ai été formé et j'ai reçu la voie sacrée de la Source du Tao, pour verser le shen qi jing de la Source du Tao dans la calligraphie. Depuis que j'ai commencé à pratiquer la Calligraphie du Tao en 2013, des milliers de guérisons et de transformations touchantes et émouvantes se sont produites dans les domaines de la santé, des relations, des finances, et plus encore.

Pourquoi les gens tombent-ils malades ? Pourquoi ont-ils des problèmes relationnels ? Pourquoi ont-ils des problèmes financiers ? Pourquoi rencontrent-ils des problèmes de toute sorte dans leur vie ? J'ai donné mon éclairage dans l'introduction. J'aimerais insister sur ce point à nouveau. Il peut se résumer en une phrase :

Tous les problèmes rencontrés dans la vie, que ce soit au niveau de la santé, des relations ou des finances, sont dus à la présence de shen qi jing négatif dans l'âme, dans le cœur, dans la conscience ou dans le corps.

Pourquoi la Calligraphie du Tao est-elle unique et puissante ? Cela aussi peut se résumer en une phrase :

La Calligraphie du Tao porte en elle le shen qi jing positif de la Source du Tao qui peut transformer le shen qi jing négatif de toute vie, incluant la santé, les relations et les finances.

Elle peut notamment :

- augmenter l'énergie, l'endurance, la vitalité et l'immunité
- guérir et transformer les corps physique, émotionnel, mental et spirituel
- guérir et transformer toutes sortes de relations

- guérir et transformer une situation financière et une entreprise professionnelle
- ouvrir les canaux de communication spirituels
- développer l'intelligence et la sagesse
- éveiller l'âme, le cœur, la conscience et le corps

La Calligraphie du Tao est un nouveau système d'information positif pour la guérison et la transformation, afin de servir l'humanité tout au long de sa vie.

Nombreux sont ceux qui ont vu des résultats spectaculaires en utilisant la Calligraphie du Tao pour leur guérison et leur transformation. Vous pouvez en lire quelques exemples dans l'annexe, à la fin de cet ouvrage. Mon souhait est que la Calligraphie du Tao soit toujours plus à votre service ainsi qu'au service de l'humanité et de la Terre-Mère.

Tracer, chanter, écrire la Calligraphie du Tao

Comme je viens de l'expliquer, la Calligraphie du Tao porte en elle un champ de shen qi jing de la Source du Tao. Ce champ shen qi jing d'informations positives le plus élevé peut transformer n'importe quel aspect de la vie, dans la mesure où il peut transformer tout shen qi jing négatif dans le domaine de la santé, des relations, des finances, et plus encore.

Pour recevoir les bienfaits de la Calligraphie du Tao, il faut effectuer des pratiques permettant de se relier à une Calligraphie du Tao et d'en recevoir son shen qi jing positif. Au chapitre cinq de ce livre, j'inclus en cadeau une Calligraphie du Tao, et je vous guiderai alors pour que vous l'utilisiez dans une pratique.

Il y a trois façons de pratiquer avec la Calligraphie du Tao : le tracé, le chant et l'écriture.

Le tracé

Tracez la calligraphie à l'aide d'une ou des deux façons suivantes : le tracé à la main et le tracé Dan.

- **Tracé à la main.** Joignez les cinq doigts de la main. Voir illustration 4. Ensuite, en conservant cette position de la main, tracez dix fois la Calligraphie du Tao « Ai » (*amour*). L'illustration 5 vous montre le processus d'écriture et de tracé de ce caractère Yi Bi Zi.

- **Le tracé Dan (mouvement de tai-chi de la Calligraphie du Tao).** « Dan 丹 » signifie *boule de lumière*. Ici, il s'agit plus précisément d'une boule de lumière dans le bas-ventre, à l'emplacement du Dan Tian Inférieur, un des centres énergétiques fondamentaux du corps (« Tian 田 » signifie *champ*). Un être humain ordinaire ne possède pas cette boule de lumière, qui ne se forme qu'avec une énergie et des pratiques spirituelles particulières. La pratique du mouvement du tai-chi de la Calligraphie du Tao par le tracé Dan peut former votre Dan. Former son Dan, c'est augmenter son énergie, sa vitalité, son endurance et son immunité, et accroître la guérison et la transformation de chaque aspect de sa vie.

Tenez-vous debout, les pieds écartés de la largeur des épaules. Pliez légèrement les genoux et la zone pelvienne. Gardez le dos droit. Relâchez les épaules et les coudes. Touchez délicatement votre palais du bout de la langue, le menton légèrement rentré. Placez les deux paumes des mains face à face, à environ trente centimètres l'une de l'autre, devant votre bas-ventre, comme si vous teniez une balle de volley ou un ballon de basket. Voir illustration 6.

Le tracé Dan consiste à tracer une calligraphie avec son bas-ventre, la balle imaginaire, sa zone pelvienne et ses hanches.

Le pouvoir et la signification du tracé peuvent se résumer en une phrase :

Vous devenez ce que vous tracez.

Je vais à présent vous faire part d'une des techniques supplémentaires les plus importantes du tracé Dan de la Calligraphie du Tao. Imaginez une corde qui soulève légèrement le sommet de votre tête, tandis que votre coccyx s'abaisse légèrement. La colonne vertébrale a naturellement une courbe en forme de S. Cette visualisation importante peut redresser la colonne vertébrale, permettant à l'énergie de circuler plus librement à travers et autour d'elle. C'est une sagesse et une pratique sacrée vitale du tai-chi ancestral. Elle est absolument clé pour le mouvement de tai-chi de la Calligraphie du Tao.

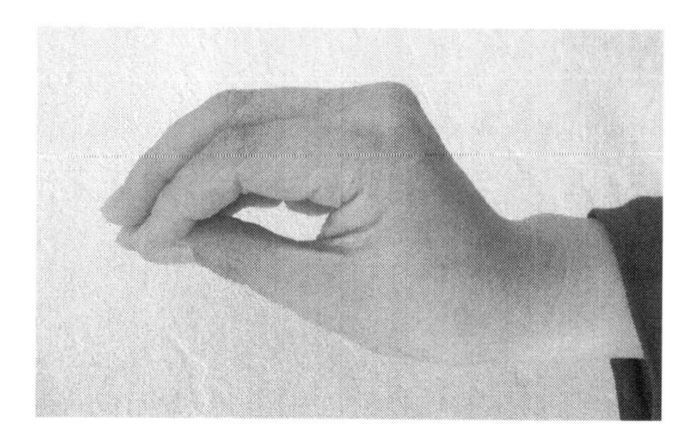

Illustration 4. Position de la main traçant avec les cinq doigts

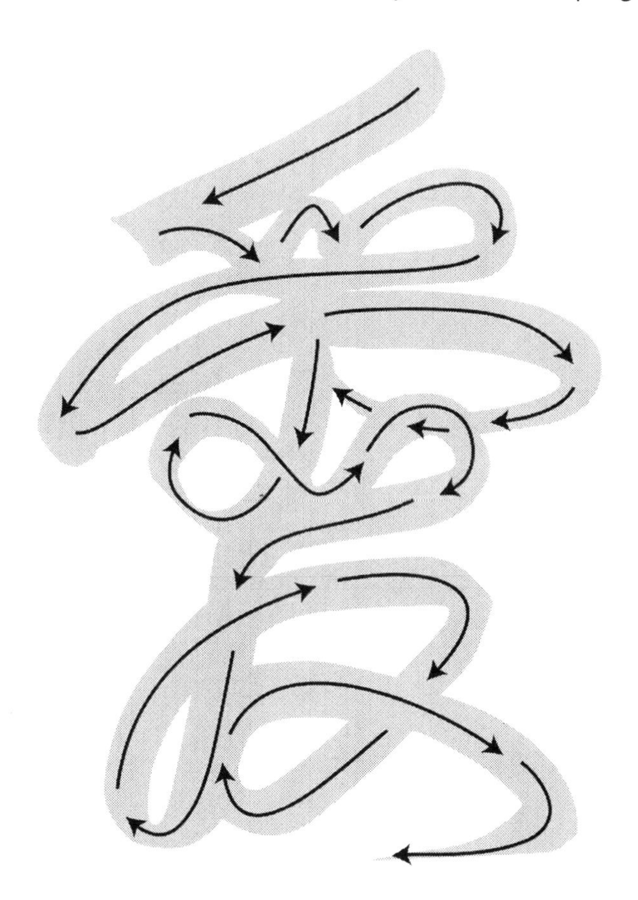

Illustration 5. Tracé de la Calligraphie du Tao Ai (*amour*)

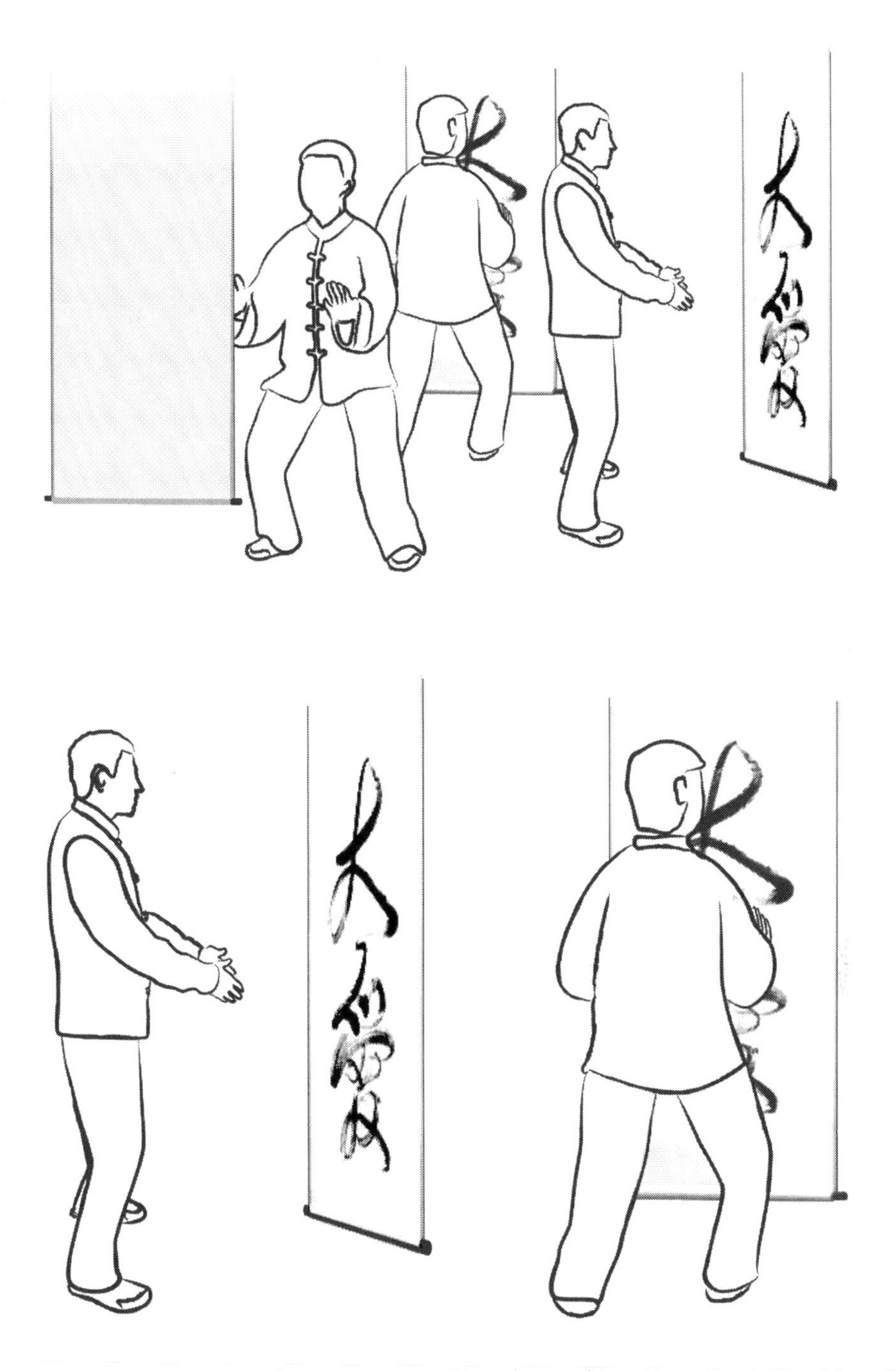

Illustration 6. Position du tracé Dan

Pourquoi cette technique est-elle importante ? Il existe une ancienne phrase sacrée et secrète :

wei lü zhong zheng shen guan ding
尾閭中正神灌頂

« Wei lü » signifie *coccyx.* « Zhong zheng » signifie *droit.* « Shen » signifie *le Ciel et le Tao.* « Guan ding » signifie *la bénédiction du chakra couronne.*[4] « Wei lü zhong zheng shen guan ding » signifie *la lumière se déverse par le chakra couronne et à travers toute la colonne vertébrale, jusqu'au coccyx.* »

Ensuite, en conservant cette position pour le tracé Dan, tracez la Calligraphie du Tao « Ai » (*amour*) pendant quelques minutes. (Voir illustration 5, page 8.) La balle imaginaire entre vos mains trace la calligraphie avec votre Dan. Vos bras, vos hanches, vos genoux et vos jambes bougent ensemble.

Le chant

Depuis des millénaires, le chant fait partie des techniques sacrées utilisées dans de nombreuses pratiques spirituelles et méditatives. Le pouvoir et la signification du chant peuvent se résumer en une phrase :

Vous devenez ce que vous chantez.

La Calligraphie du Tao est un système d'information positive de la Source, qui porte en lui le shen qi jing positif de la Source. Dans le prochain chapitre, je partagerai avec vous les dix plus grandes qualités de la Source du Tao, qui sont les dix plus grandes qualités d'un être humain.

La première de ces dix plus grandes qualités est Da Ai, *le plus grand amour.* (« Da » signifie *le plus grand.* « Ai » signifie *amour.*) Dans certaines pratiques de ce livre, nous chantons :

Da Ai (prononcer *dah aï*)
Da Ai
Da Ai
Da Ai ...

---

[4] Voir chapitre huit pour une introduction aux chakras.

Le plus grand amour
Le plus grand amour
Le plus grand amour
Le plus grand amour ...

Chanter *Da Ai* ou *le plus grand amour,* c'est s'aligner au plus grand amour, incarner le plus grand amour, et devenir le plus grand amour. J'enseigne toujours : *l'amour dissout tous les blocages et transforme toute vie.*

Dans toutes les pratiques de ce livre, nous chanterons ceci, ainsi que d'autres messages positifs de la Source du Tao ou des sons spéciaux, sacrés et puissants, de guérison et de transformation.

L'écriture

Il y a deux façons d'écrire la Calligraphie du Tao :

- **Écrire à l'eau sur une toile spéciale.** C'est l'écriture de la Calligraphie du Tao pour débutants. La toile est conçue pour la pratique de la calligraphie au pinceau et à l'eau plutôt qu'à l'encre. Avec l'évaporation de l'eau, la calligraphie disparaît et la toile peut ainsi être réutilisée plusieurs fois. J'ai créé des toiles sur lesquelles sont imprimés les contours de différentes Calligraphies du Tao. Voir illustration 7. Vous pouvez écrire à l'eau par-dessus les imprimés. Ces toiles pour la calligraphie à l'eau sont utilisées lors des formations spécifiques de praticiens et d'enseignants de la Calligraphie du Tao. La meilleure façon d'apprendre la Calligraphie du Tao consiste à tracer ou à écrire à l'eau sur un imprimé des dizaines de fois avant de prendre un pinceau, de l'encre et du papier blanc.

- **Écrire à l'encre sur du papier blanc de calligraphie.** C'est l'écriture de la Calligraphie du Tao pour les pratiquants confirmés. Je ne vous recommande pas de le faire sans formation spécifique dispensée par mes enseignants de Calligraphie du Tao ou par moi-même.

Le pouvoir et la signification de l'écriture de la Calligraphie du Tao peuvent se résumer en une phrase :

Vous devenez ce que vous écrivez.

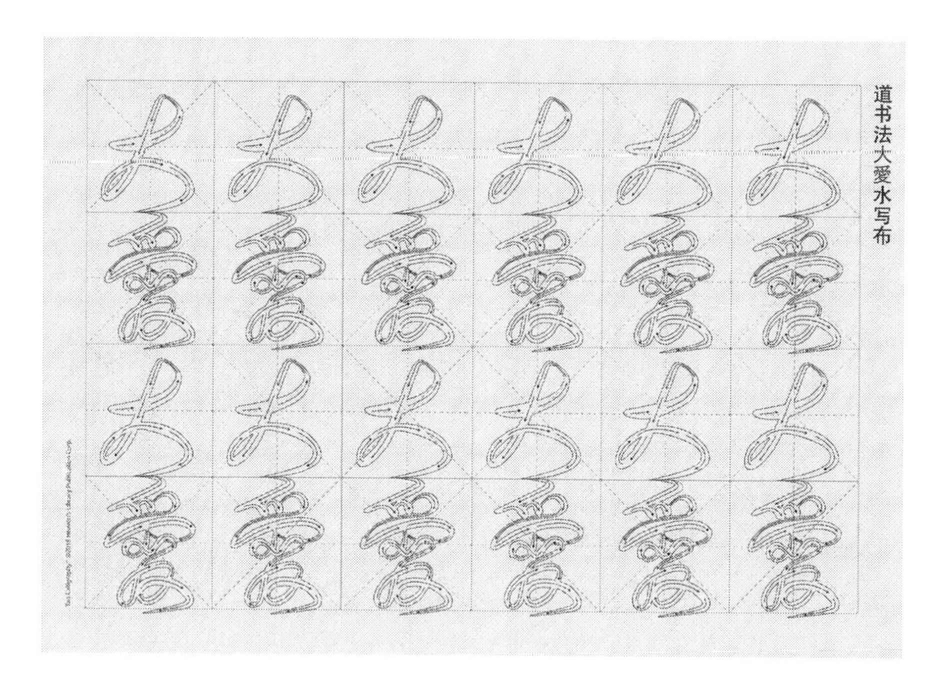

Illustration 7. Calligraphie du Tao *Da Ai* sur un tapis de calligraphie à eau

Vous pouvez tracer, chanter ou écrire la Calligraphie du Tao seul ou à plusieurs. Tracer, chanter ou écrire seul entraîne l'auto-guérison et la transformation de soi. Tracer, chanter ou écrire à plusieurs entraîne la guérison et la transformation du groupe. La guérison du groupe est généralement plus puissante que l'auto-guérison, car les personnes du groupe s'alignent et concentrent leur pratique de guérison et de transformation.

Une seule Calligraphie du Tao est un champ de guérison de la Calligraphie du Tao, parce qu'elle porte en elle le shen qi jing positif de la Source du Tao. Les champs de guérison de la Calligraphie du Tao de mes Centres du Tao à travers le monde sont créés par de nombreuses Calligraphies du Tao, allant d'une trentaine à plus d'une centaine. Quand vous tracez, chantez ou écrivez les Calligraphies du Tao, vous vous reliez au champ de guérison de la Calligraphie du Tao. Vous comprendrez comment établir une connexion profonde par le biais des six techniques sacrées du pouvoir du Tao, que vous apprendrez au chapitre trois et appliquerez par la suite dans les pratiques.

Tracer, chanter et écrire la Calligraphie du Tao ont pour but de vous relier à un champ de guérison externe de la Calligraphie du Tao, afin d'attirer à vous le champ du shen qi jing positif de la Source du Tao et d'enlever ou de transformer votre shen qi jing négatif.

Il est aussi possible de recevoir et de se relier à un champ de la Calligraphie du Tao interne.

Transmissions du Champ de Lumière de la Calligraphie du Tao à partir d'une Calligraphie du Tao

Les grands-maîtres et les maîtres-enseignants du Champ de Guérison de la Calligraphie du Tao, spécifiquement formés et certifiés, peuvent offrir des champs de lumière du shen qi jing des Calligraphies du Tao à une personne, à un animal, et plus.

Si, par exemple, vous avez des problèmes de dos, un maître-enseignant du Champ de Guérison de la Calligraphie du Tao pourra vous transmettre un champ de lumière pour votre dos à partir d'une Calligraphie du Tao. Une fois que vous avez reçu une telle transmission, ce champ de lumière de la Calligraphie du Tao devient un champ de guérison *interne* de la Calligraphie du Tao pour votre dos, auquel vous pouvez accéder et vous relier où que vous soyez et à tout moment. La transmission restera toujours en vous.

Pour continuer à recevoir les bienfaits du champ de lumière de la Calligraphie du Tao qui vous a été transmis pour votre dos, il vous suffit de vous y relier en lui « disant *Bonjour* » (le pouvoir de l'âme est expliqué au chapitre trois) et en chantant d'une façon répétitive :

Champ de Lumière de la Calligraphie du Tao pour le dos
Champ de Lumière de la Calligraphie du Tao pour le dos
Champ de Lumière de la Calligraphie du Tao pour le dos
Champ de Lumière de la Calligraphie du Tao pour le dos ...

J'ai formé une trentaine de grands-maîtres ou maîtres-enseignants du Champ de Guérison de la Calligraphie du Tao, qui peuvent offrir ce service unique de la Source du Tao. D'autres sont en formation. Recevoir et porter un de ces Champs de Guérison internes de la Calligraphie du Tao est une expérience très puissante. Si vous souffrez d'une maladie grave, chronique ou engageant le pronostic vital, ou d'autres difficultés, je vous encourage vivement à vous renseigner sur les Transmissions du Champ de Lumière de la Calligraphie du Tao par un des maîtres-enseignants formés et certifiés du Champ de Guérison de la Calligraphie du Tao.

Les Dix Plus Grandes Qualités de la Source du Tao

LA SOURCE DU TAO M'A DONNÉ les Dix Plus Grandes Qualités. On les appelle Shi Da (十大). « Shi » signifie *dix*. « Da » signifie *plus grand*. « Shi Da » signifie *les dix plus grandes*.

Quelles sont les Dix Plus Grandes Qualités de la Source du Tao ?

Lao Tseu, dans son *Dao De Jing* classique et intemporel, a écrit : « Il y a quatre Da sur les innombrables planètes, étoiles, galaxies et univers. » Il s'agit de :

道大 Dao da
天大 tian da
地大 di da
人大 ren da

La première des quatre Da de Lao Tseu est Dao da. Tao est *la Source*. « Dao da » signifie *la Source est la plus grande*. Le Tao est le Créateur ultime. Le Tao crée tout et tout le monde. De nourrit tout et tout le monde. « De 德 » est *la vertu du Tao,* qui est manifeste dans le *shen kou yi* du Tao. « Shen 身 » signifie *les actions, les activités et les comportements*. « Kou 口 » signifie *la parole*. « Yi 意 » signifie *les pensées*.

En résumé :

Le Tao est la Source ultime et le chemin de toute vie.
De représente les actions, les activités et les comportements du Tao.

La deuxième des quatre Da de Lao Tseu est tian da. « Tian » signifie *le Ciel.* « Tian da » signifie *le Ciel est le plus grand*. Dans le concept de Lao Tseu, le Ciel inclut le soleil, la lune, le système solaire, la Grande Ourse, la Voie lactée et l'univers. Le Ciel inclut les innombrables systèmes solaires, galaxies et univers. Le Ciel brille et nourrit tout et tout le monde.

La troisième des quatre Da est di da. « Di » signifie *Terre-Mère*. « Di da » signifie *la Terre-Mère est la plus grande.*

La Terre-Mère a le cœur le plus grand. Elle porte tout et tout le monde (wan wu 萬物, littéralement *dix mille choses*, c'est-à-dire *d'innombrables choses* en chinois).

Il y a un ancien dicton qui dit :

hou de zai wu
厚德載物

« Hou » signifie *épais*, ce qui veut dire ici *beaucoup*. On retrouve ensuite « de », *la vertu qui vient du Tao par le biais des shen kou yi du Tao*. « Zai » signifie *porter*. « Wu » signifie *les choses*. « Wan wu » inclut tout et tout le monde sur la Terre-Mère. « Hou de wai zu » signifie *qui peut porter le monde avec beaucoup de vertu*. La Terre-Mère élève et nourrit wan wu. Il faut une grande vertu pour porter tout et tout le monde. La Terre-Mère ne fait pas de différence entre une personne qui offre un service positif et une personne qui offre un service négatif. C'est pourquoi elle a une grande de.

La Terre-Mère a le plus grand cœur. La Terre-Mère fait donc partie des plus grandes.

La quatrième des quatre Da de Lao Tseu est ren da. « Ren » signifie *être humain*. « Ren da » signifie *l'être humain est le plus grand*. Un autre dicton ancien affirme :

ren wei wan wu zhi ling
人為萬物之靈

« Wei » signifie *est*. « Zhi » fait office d'adjectif possessif. « Ling » signifie *le plus intelligent*. « Ren wei wan wu zhi ling » signifie donc *les êtres humains sont les plus intelligents sur les innombrables planètes, étoiles, galaxies et univers.*

Les êtres humains créent et se manifestent tout au long de l'histoire pour améliorer la vie. Les êtres humains sont en constante évolution. C'est pourquoi ils sont parmi les plus grands.

En fait, il y a trois acceptions clés à « da 大 » :

- le plus grand
- inconditionnel
- sans ego

Par conséquent, les Dix Da, Shi Da ou Dix Plus Grandes Qualités sont en réalité les dix plus grandes qualités inconditionnelles et désintéressées.

Pouvoir et signification des Dix Plus Grandes Qualités

Dans deux autres livres, *Soul Over Matter*[5] et *Tao Classic of Longevity and Immortality*,[6] j'ai expliqué la sagesse profonde et sacrée des Dix *Da* et j'ai expliqué en détail des pratiques permettant de les acquérir. Je ne reprendrai pas ces enseignements dans ce livre, mais je vais partager maintenant avec vous l'essence de chaque *Da*, de chaque plus grande qualité.

Le plus grand Amour—Da Ai (大愛)

Quatre phrases sacrées expliquent Da Ai, *le plus grand amour* :

yi shi Da Ai 一施大愛
wu tiao jian ai 無條件愛
rong hua zai nan 融化災難
xin qing shen ming 心清神明

Donnez d'abord le plus grand amour, la première des Dix Plus Grandes Qualités du Tao.
L'amour inconditionnel

---

[5] Dr. and Master Zhi Gang Sha and Adam Markel, *Soul Over Matter: Ancient and Modern Wisdom and Practical Techniques to Create Unlimited Abundance*, Dallas, TX/Toronto, ON: BenBella Books/Heaven's Library Publication Corp., 2017.

[6] Dr. and Master Zhi Gang Sha, *Tao Classic of Longevity and Immortality: Sacred Wisdom and Practical Techniques*, Cardiff, CA/Richmond Hill, ON: Waterside Press, Heaven's Library Publication Corp., 2019.

Dissout tous les blocages.
Le cœur est pur ; l'âme, le cœur et la conscience sont illuminés.

Chacun de nous a ses propres croyances. Beaucoup croient en la science. Beaucoup croient en la spiritualité. Certains croient en leur propre chemin. Quoi qu'il en soit, tout le monde a besoin du plus grand amour.

Examinez votre vie. Avez-vous reçu de l'amour de la part de vos parents ? Avez-vous reçu de l'amour de la part de vos enfants ? Avez-vous reçu de l'amour de la part de votre conjoint ? Avez-vous reçu de l'amour de la part de vos collègues ? Quand vous ressentez de l'amour, que ressentez-vous ? Quand vous ne ressentez pas d'amour, que ressentez-vous ? Je veux souligner que l'amour est la qualité et le sentiment dont non seulement toute l'humanité a besoin, mais aussi tous les animaux, la nature, l'environnement, etc.

Ces quatre phrases sacrées expliquent très clairement que lorsque vous offrez le plus grand amour inconditionnel et désintéressé à vous-même et aux autres, toutes les formes de blocages dans votre vie, que ce soit dans les domaines de la santé, des relations, des finances ou autre, peuvent être éliminées. Da Ai peut purifier votre cœur et illuminer votre âme, votre cœur, votre conscience et votre corps.

J'ai ajouté une Calligraphie du Tao *Da Ai* sur la quatrième de couverture de ce livre.

Le plus grand Pardon—Da Kuan Shu（大寬恕）

Da Kuan Shu, *le plus grand pardon*, est la deuxième des Dix Plus Grandes Qualités du Tao. Les quatre lignes du mantra sacré du Tao Da Kuan Shu sont :

er Da Kuan Shu	二大寬恕
wo yuan liang ni	我原諒你
ni yuan liang wo	你原諒我
xiang ai ping an he xie	相愛平安和諧

La deuxième des Dix Plus Grandes Qualités du Tao est le plus grand pardon.
Je vous pardonne.
Vous me pardonnez.
Amour, paix et harmonie.

Les êtres humains peuvent rencontrer les difficultés suivantes dans leur vie :

- des problèmes de santé, qui incluent notamment toutes les formes de douleurs, d'infections, de kystes, de tumeurs ou de cancer, etc.
- des problèmes émotionnels, comme la colère, la dépression, l'anxiété, l'inquiétude, le chagrin, la peur, la culpabilité, etc.
- des difficultés d'ordre mental, comme des troubles mentaux, une confusion mentale, des problèmes de mémoire, etc.
- des problèmes d'ordre spirituel, comme un chemin spirituel confus
- toutes formes de difficultés relationnelles, y compris avec la famille ou les collègues
- toutes sortes de problèmes financiers et professionnels

La sagesse spirituelle profonde enseigne que toutes les difficultés rencontrées sont liées à des blocages au niveau de l'âme, du cœur, de la conscience, de l'énergie et de la matière. La pratique de pardon peut entraîner une transformation impressionnante de ces difficultés, au-delà de l'entendement.

Pensez à votre famille. Des époux peuvent se disputer et se battre. Des partenaires, ou des parents et leurs enfants, par exemple, peuvent se disputer et se battre. Comment apporter l'amour, la paix et l'harmonie ? Si A et B rencontrent des problèmes, que se passerait-il si A pardonne sincèrement à B, ou inversement ? Les problèmes pourraient se résoudre très rapidement.

En élargissant cette sagesse aux problèmes relationnels au travail, que se passerait-il si les collègues pouvaient se pardonner mutuellement et sincèrement ? La situation deviendrait très positive.

J'ai partagé les enseignements et la pratique sacrés de pardon à des milliers d'élèves et de clients de par le monde :

Je vous pardonne.
Vous me pardonnez.
Apportons l'amour, la paix et l'harmonie.

La pratique du pardon peut donner des résultats incroyables. Les gens ne comprennent pas toujours que les problèmes de santé, les difficultés relationnelles et même les problèmes d'argent sont étroitement liés aux émotions.

Si vous souffrez de déséquilibres émotionnels, votre santé, vos relations ou vos finances pourraient en être profondément affectées. Par conséquent, pardonner à tous ceux avec qui vous avez des difficultés pourrait apporter des résultats vraiment remarquables.

Si vous êtes conscient d'avoir des difficultés avec une personne, effectuez dans la mesure du possible une pratique de pardon directement avec elle.

Vous pouvez aussi effectuer une pratique globale de pardon pour n'importe lequel de vos problèmes, ou pour tous vos problèmes réunis. Ainsi, si vous avez mal aux genoux, si vous souffrez d'anxiété, si vous rencontrez des problèmes financiers, ou pour tout autre problème dans votre vie, vous pouvez effectuer une pratique générale de pardon comme suit :

> *Chers tous et tout ce avec quoi/qui j'ai eu un conflit, une altercation ou une confrontation, que j'en sois conscient ou non, je vous honore. S'il vous plaît, effectuons une pratique de pardon ensemble.*

Puis, chantez en boucle :

> *Je vous pardonne.*
> *Vous me pardonnez.*
> *Apportons l'amour, la paix et l'harmonie.*

Répétez ces trois phrases pendant cinq à dix minutes. Il se peut que vous ressentiez une amélioration notable. Ou une légère amélioration. Ou aucune amélioration. Que vous ressentiez une amélioration notable, une légère amélioration, ou aucune amélioration, continuez à effectuer la pratique de pardon avec sincérité plusieurs jours d'affilée, trois fois par jour, pendant cinq à dix minutes. Puis observez comment vous vous sentez.

C'est très simple, mais c'est une façon très sacrée d'effectuer la pratique de pardon pour transformer ses problèmes de santé, de relations ou de finances. Essayez-la. Vivez-la.

Le pardon est la clé qui déverrouille tous les problèmes de la vie. Entre membres d'une même famille, entre collègues, entre entreprises ou entre pays, en cas de conflit ou de dispute, le pardon peut aider à transformer la situation au-delà des mots.

L'humanité et la Terre-Mère ont vraiment besoin de plus de pardon pour que l'amour, la paix et l'harmonie soient présents dans tous les aspects de la vie, comme la santé, les relations ou les finances.

La plus grande Compassion—Da Ci Bei (大慈悲)

Da Ci Bei, *la plus grande compassion,* est la troisième des Dix Plus Grandes Qualités du Tao. Les quatre lignes du mantra sacré du Tao Da Ci Bei sont :

san Da Ci Bei 三大慈悲
yuan li zeng qiang 願力增强
fu wu zhong sheng 服務眾生
gong de wu liang 功德無量

La troisième des Dix Plus Grandes Qualités du Tao est la plus grande compassion.
Développez et renforcez votre volonté.
Servez l'humanité et toutes les âmes.
Recevez une vertu incommensurable.

Des millions de personnes honorent la Vierge Marie et Guan Yin, le Bouddha de la Compassion. Toutes deux sont des mères universelles ayant un amour et une compassion inconditionnels pour l'humanité et pour toutes les âmes.

La plus grande compassion est la compassion la plus élevée et inconditionnelle. Il y a beaucoup d'histoires émouvantes racontant comment Guan Yin ou la Vierge Marie ont transformé des situations désespérées et sauvé des vies. Appelez-les et reliez-vous à elles pour recevoir leur amour et leur compassion.

La plus grande Lumière—Da Guang Ming (大光明)

Da Guang Ming, *la plus grande lumière,* est la quatrième des Dix Plus Grandes Qualités du Tao. Les quatre lignes du mantra sacré de la Source du Tao Da Guang Ming sont :

si Da Guang Ming 四大光明
wo zai Dao guang zhong 我在道光中
Dao guang zai wo zhong 道光在我中
tong ti tou ming 通體透明

La quatrième des Dix Plus Grandes Qualités du Tao est la plus grande lumière et transparence.
Je suis dans la lumière de la Source du Tao.
La lumière de la Source du Tao est en moi.
Tout le corps n'est que lumière et transparence.

Le Tao est la Source ultime. Si vous êtes dans la lumière de la Source du Tao et que la lumière de la Source du Tao est en vous, alors vous êtes dans le champ de lumière de la Source du Tao. C'est une pratique extrêmement puissante pour guérir et transformer chaque aspect de la vie.

Un humain est doté d'un shen qi jing d'être humain : son âme, son cœur, sa conscience et son corps. La lumière du Tao est dotée du shen qi jing de la Source : l'âme, le cœur, la conscience et le corps de la Source. La lumière du Tao peut transformer la lumière humaine au-delà de l'entendement. C'est pourquoi Da Guang Ming, la plus grande lumière, est un moyen sacré de guérison et de transformation de toute vie.

La plus grande Humilité—Da Qian Bei（大謙卑）

Da Qian Bei, *la plus grande humilité*, est la cinquième des Dix Plus Grandes Qualités du Tao. Le mantra sacré de la Source du Tao de Da Qian Bei est composé de cinq vers :

wu Da Qian Bei 五大謙卑
rou ruo bu zheng 柔弱不爭
chi xu jing jin 持續精進
shi qian bei 失謙卑
die wan zhang 跌萬丈

La cinquième des Dix Plus Grandes Qualités du Tao est la plus grande humilité.
Soyez doux, n'entrez pas en compétition ou dans le combat,
Améliorez-vous constamment.
Perdez votre humilité,
Et vous échouerez terriblement dans tous les aspects de la vie, comme si vous tombiez dans une profonde caverne.

L'humilité est bénéfique à la vie et évite problèmes et catastrophes. L'ego est un des principaux obstacles, dans tous les aspects de la vie.

Le *Dao De Jing* de Lao Tseu insiste sur l'importance de l'humilité. J'aimerais partager quelques passages du *Dao De Jing*.

Le chapitre 7 du *Dao De Jing* constate :

> *Le Ciel et la Terre-Mère ont une vie très longue. Pourquoi ? Parce que le Ciel et la Terre-Mère suivent la voie de la nature et servent de façon inconditionnelle et désintéressée. Ils ne vivent pas pour eux seuls. C'est pourquoi la personne qui a acquis la sagesse du Tao laisse toujours les autres briller devant et reste en retrait. En fait, les autres respectent plus celui qui reste en retrait. Une telle personne peut donner sa vie pour servir autrui. C'est pourquoi elle peut rester beaucoup plus longtemps. Parce qu'elle est désintéressée et dénuée d'ego, elle atteindra naturellement le but et l'objectif véritables de la vie.*

Ce chapitre est un enseignement puissant sur la sagesse et les bienfaits de l'humilité.

Le chapitre 8 du *Dao De Jing* constate :

> *Le Tao et le de* (les actions, la parole et les pensées du Tao) *les plus élevés sont comme l'eau. L'eau nourrit d'innombrables choses et ne lutte contre rien ni personne. L'eau demeure dans les endroits les plus bas que d'autres n'aimeraient peut-être pas. C'est pourquoi l'eau est la plus proche du Tao.*

C'est un autre enseignement sur l'aspect désintéressé de la nature yin de l'humilité.

Le chapitre 24 du *Dao De Jing* constate :

> *La personne qui s'exhibe souvent ne peut pas briller. La personne qui pense avoir toujours raison ne peut distinguer la vérité. Les gens qui s'admirent ne peuvent pas vraiment réussir. Les gens qui ont un ego ne peuvent pas durer longtemps.*

Je crois que l'ego est le pire ennemi sur le chemin de la guérison et de la transformation, ainsi que sur le chemin spirituel.

Le chapitre quatre-vingt-un (81) et dernier chapitre du *Dao De Jing* constate :

> *Les saints n'ont pas le cœur à contrôler les autres, mais servent uniquement les autres de façon inconditionnelle. C'est pourquoi les saints s'épanouissent*

plus. Les saints sont ceux qui donnent le plus aux autres. C'est pourquoi les saints reçoivent plus en abondance. Le Tao du Ciel a pour but de permettre à toute chose et à tout le monde de s'épanouir davantage et de ne nuire à personne, ni à rien. Le Tao des saints n'est pas de se disputer ou de se battre avec les autres.

Cet enseignement reflète la vérité de « she de 捨得 », *donner pour recevoir.* Plus vous donnez, plus vous recevrez. Donnez et servez de façon inconditionnelle et désintéressée comme les grands saints, et les bénédictions illimitées du Ciel pourront pleuvoir sur votre santé, sur vos relations, sur vos finances et sur tous les aspects de votre vie.

Les enseignements et la sagesse du *Dao De Jing* de Lao Tseu présentés ci-dessus insistent vraiment sur le pouvoir et la signification de Da Qian Bei.

La plus grande Harmonie—Da He Xie (大和諧)

Da He Xie, *la plus grande harmonie,* est la sixième des Dix Plus Grandes Qualités du Tao. Il s'agit d'une autre qualité essentielle à une vie vraiment réussie. Les quatre lignes du mantra sacré du Tao Da He Xie sont :

liu Da He Xie	六大和諧
san ren tong xin	三人同心
qi li duan jin	齊力斷金
cheng gong mi jue	成功秘訣

La sixième des Dix Plus Grandes Qualités du Tao est la plus grande harmonie.
Trois personnes joignent leur cœur.
Leur force peut couper l'or.
Le secret de la réussite.

Pour qu'une famille soit heureuse, chacun de ses membres doit offrir de l'amour, de l'attention et de la compassion. Tous ses membres doivent se pardonner mutuellement et vivre en harmonie.

Un ancien dicton dit : jia he wan shi xing (家和萬事興). « Jia » signifie *la famille.* « He » signifie *l'harmonie.* « Wan » signifie *dix mille.* C'est-à-dire « une myriade », ou « une quantité innombrable » en chinois. « Shi » signifie *choses.* « Xing » signifie *s'épanouir.* « Jia he wan shi xing » signifie *dans une famille en harmonie, tout le monde s'épanouit.*

Pensez à une entreprise couronnée de succès. Elle doit avoir une belle équipe en harmonie. Da He Xie représente le bon travail d'équipe. Sans Da He Xie, il est impossible de s'épanouir vraiment. Pour que la plus grande harmonie soit présente, les autres Dix Da doivent aussi être présentes.

Les dix Da sont la nature du Tao, des bouddhas, des saints, du Divin, de la Terre-Mère, des innombrables planètes, étoiles, galaxies et univers, et des êtres humains. Da He Xie est le bon travail d'équipe, qui est essentiel à la réussite. Aimons-nous les uns les autres et unissons nos cœurs pour apporter la plus grande réussite à tous les aspects de notre vie.

La plus grande Prospérité—Da Chang Sheng (大昌盛)

Da Chang Sheng, *la plus grande prospérité,* est la septième des Dix Plus Grandes Qualités du Tao. Les quatre lignes du mantra sacré de la Source du Tao Da Chang Sheng sont :

qi Da Chang Sheng 七大昌盛
Dao ci ying fu 道賜盈福
xing shan ji de 行善積德
Dao ye chang sheng 道業昌盛

La septième des Dix Plus Grandes Qualités du Tao est la plus grande prospérité.
La Source du Tao apporte une grande prospérité, chance et réussite.
Servez avec bienveillance pour accumuler des vertus.
La carrière du Tao est florissante.

J'aimerais vous faire part d'une sagesse spirituelle profonde. Les racines de la prospérité d'une personne sont le système d'information positive de son shen qi jing positif, qui sont les informations ou messages positifs portés par son âme, son cœur, sa conscience et son corps, et provenant de vies antérieures ainsi que de cette vie. Si vos canaux de communication spirituelle sont ouverts, vous pouvez être en mesure de voir certaines de vos vies antérieures pour comprendre cette vérité.

La réussite financière est la conséquence de messages positifs du shen qi jing de vos ancêtres et de vous-même, dans toutes vos vies passées et actuelles, ainsi que de vos efforts personnels dans cette vie-ci. Les informations ou messages positifs du shen qi jing s'accumulent grâce aux grands services positifs pour l'humanité, pour les animaux, pour l'environnement, et plus encore. Le service positif consiste à apporter bonheur et bien-être à l'humanité, aux animaux et à l'environnement, et à leur permettre des transformations positives. Ces messages positifs du shen qi jing peuvent vous doter d'une prospérité financière dans cette vie et dans celles à venir.

Si vous connaissez la prospérité, félicitations. Je souhaite qu'elle soit encore plus grande. Si vous ne connaissez pas la prospérité, comment pouvez-vous la créer ? Le secret consiste à renforcer votre système d'information positive : à accumuler des informations ou messages positifs de shen qi jing par les shen, kou et yi (l'action, la parole et la pensée).

Dans le chapitre trois, j'expliquerai en détail les six techniques sacrées du pouvoir du Tao qui seront, à partir de maintenant, l'essence de toutes les pratiques de guérison et de transformation de ce livre. Mettre en pratique les six techniques sacrées du pouvoir du Tao, dont fait partie le tracé des Calligraphies de la Source du Tao, c'est accumuler des informations ou des messages positifs de shen qi jing.

Laissez-moi vous partager un exemple. Un homme d'affaires de Los Angeles avait reçu une de mes Calligraphies du Tao, « Dao Ye Chang Sheng 道業昌盛 », le quatrième vers du mantra sacré de la plus grande prospérité de la Source du Tao. Moins de deux ans plus tard, il me raconta ceci : " Depuis que j'ai reçu la Calligraphie du Tao « Dao Ye Chang Sheng » (*La carrière du Tao est florissante*), je passe environ dix minutes par jour à la tracer en chantant. L'argent ne cesse d'affluer sans effort. Tout coule de source. Le chiffre d'affaires de mon entreprise est passé de deux à soixante millions de dollars en deux ans. Je suis tout à fait conscient que cela est grâce à la Calligraphie du Tao « Dao Ye Chang Sheng » et au mantra."

Comme la Calligraphie du Tao « Dao Ye Chang Sheng » et le mantra portent des messages positifs du shen qi jing de la Source du Tao, l'entreprise de cet homme a reçu d'immenses bénédictions de ces messages du Tao.

La plus grande Gratitude—Da Gan En (大感恩)

Da Gan En, *la plus grande gratitude,* est la huitième des Dix Plus Grandes Qualités du Tao. Les quatre lignes du mantra sacré du Tao Da Gan En peuvent transformer encore plus notre vie et améliorer chacun de ses aspects :

ba Da Gan En 八大感恩
Dao sheng de yang 道生德養
zai pei ci hui 栽培賜慧
Dao en yong cun 道恩永存

La huitième des Dix Plus Grandes Qualités du Tao est la plus grande gratitude.
La Source du Tao crée toutes choses et « de » les nourrit.
La Source du Tao cultive et accorde sagesse et intelligence.
La gloire de la Source du Tao doit demeurer présente à jamais dans notre cœur et dans notre âme.

Tout au long de notre vie, de nombreuses personnes nous ont aidés, physiquement ou spirituellement. Nous devrions toujours leur exprimer notre gratitude. Les parents élèvent leurs enfants. Les enfants doivent être reconnaissants envers leurs parents. À l'école maternelle, à l'école primaire, au collège, au lycée et à l'université, les enseignants transmettent leurs savoirs aux élèves. Les élèves doivent exprimer leur reconnaissance aux enseignants.

Le Divin et la Source du Tao ont accordé la sagesse et les bénédictions adéquates à la vie physique et au chemin spirituel de chacune des âmes. Nous devons leur en être reconnaissants et l'exprimer.

La gratitude est une des qualités du Tao dont tous les êtres humains et toutes les âmes devraient être dotés. Pour notre santé, notre bonheur, pour des relations harmonieuses et une prospérité financière et professionnelle, nous devons exprimer notre gratitude au Divin, à la Source du Tao, et à tous ceux qui nous aident sur notre chemin spirituel ou physique.

Le plus grand Service—Da Fu Wu（大服務）

Da Fu Wu, *le plus grand service,* est la neuvième Des Dix Plus Grandes Qualités du Tao. J'explique toujours à mes élèves et à l'humanité que le but de la vie est de servir. Le service consiste à rendre les autres plus heureux et en meilleure santé, et à les aider à réussir dans tous les aspects de leur vie.

Les quatre lignes du mantra sacré du Tao Da Fu Wu sont :

jiu Da Fu Wu 九大服務
shi wei gong pu 誓為公僕

wu si feng xian 無私奉獻
shang cheng fa men 上乘法門

La neuvième des Dix Plus Grandes Qualités du Tao est le plus grand service.
Faites le vœu de servir l'humanité et toutes les âmes.
Servez avec désintéressement.
Le chemin le plus élevé pour atteindre la Source du Tao.

J'aimerais vous faire part à ce sujet d'une anecdote personnelle sur mon chemin spirituel. Il y a bien longtemps, j'étais à Taïwan. Le Bouddha Shakyamuni, reconnu comme le fondateur du bouddhisme, m'apparut un jour au cours d'une méditation. Il fait partie de mes pères spirituels. Je lui ai demandé : « Shi Jia Mo Ni Fo (釋迦牟尼佛, son nom en chinois), vous avez enseigné quatre-vingt-quatre mille méthodes de xiu lian[7] (修煉) pour atteindre l'état de Bouddha, qui est le plus grand éveil. De ces quatre-vingt-quatre mille méthodes de xiu lian, laquelle est la plus élevée ? » Il a répondu : « Qu'en penses-tu ? » J'ai dit alors : « Je crois que la meilleure méthode sur ce chemin de xiu lian est le xiu lian du service, qui consiste à servir autrui, à aider autrui à être plus heureux et en meilleure santé. » Il m'a souri et a répliqué : « Je n'aurais pas dit mieux. »

Le service est multiple. Vous pouvez servir un peu, beaucoup, ou inconditionnellement. Le service inconditionnel est le moyen le plus noble de progresser sur le chemin spirituel.

Le plus grand Éveil—Da Yuan Man（大圓滿）

Da Yuan Man, *le plus grand éveil,* est la dixième des Dix Plus Grandes Qualités du Tao. C'est la dernière qualité du Tao nécessaire pour être pleinement aligné et atteindre le Tao. Les quatre lignes du mantra sacré du Tao Da Yuan Man sont :

shi Da Yuan Man 十大圓滿
ling xin nao shen yuan man 靈心腦身圓滿

---

[7] « Xiu » signifie *purification.* « Lian » signifie *la pratique.* « Xiu Lian » signifie *la pratique de purification pour transformer nos messages négatifs de shen qi jing en messages positifs de shen qi jing en toutes circonstances, qu'elles soient favorables ou difficiles.* Xiu Lian consiste donc à pratiquer pour guérir et transformer son âme, son cœur, sa conscience et son corps. Cela consiste à pratiquer pour servir le chemin physique et spirituel.

ren di tian Dao shen xian ti　　人地天道神仙梯
fu wu xiu lian cai ke pan　　服務修煉才可攀

La dixième Plus Grande Qualité du Tao est le plus grand éveil.
L'éveil de l'âme, du cœur, de la conscience et du corps
Les niveaux de serviteurs saints : ren xian, di xian, tian xian, et Tao xian[8]
Le plus grand éveil ne peut être accompli que par le service.

La culture traditionnelle chinoise est issue de trois traditions : le bouddhisme, le taoïsme et le confucianisme. Dans la philosophie chinoise, on les appelle San Jiao (三教 trois doctrines), et elles sont considérées comme une unité harmonieuse. Dans le bouddhisme, le plus haut degré d'éveil consiste à atteindre le grand éveil, c'est-à-dire l'état de Bouddha. Dans le taoïsme, le plus haut degré d'éveil consiste à devenir immortel. Dans le confucianisme, le plus haut degré d'éveil consiste à s'élever au plus haut niveau de sainteté.

Il existe de nombreux autres systèmes de croyance spirituels, comme le christianisme, l'islam, l'hindouisme, le judaïsme, le sikhisme, ou les religions indigènes. En général, dans chacun de ces systèmes de croyance, le plus haut degré d'éveil consiste à atteindre le plus haut niveau de sainteté de leur système.

Les plus grands saints qui ont atteint le plus haut degré d'éveil se sont complètement débarrassés des informations ou messages négatifs du shen qi jing pour incarner pleinement les Dix Qualités Da dans chaque aspect de leur vie, et conserver ces qualités à tout moment. Ces Dix Qualités Da sont les messages les plus positifs. Ils forment le système d'information positive le plus noble. Ces Dix Qualités Da sont la nature des bouddhas, des immortels et des plus grands saints.

Un être humain est doté d'informations ou messages à la fois positifs et négatifs dans son shen qi jing. Le chemin spirituel d'un être humain consiste à accumuler les messages positifs dans son shen qi jing et à se débarrasser

---

[8] Ren xian, di xian, tian xian, et Tao xian sont des niveaux croissants de serviteurs saints. Il s'agit respectivement du saint des Humains, du saint de la Terre-Mère, du saint du Ciel et du saint du Tao. Un saint des Humains peut harmoniser et transformer l'humanité. Un saint de la Terre-Mère peut harmoniser et transformer la Terre-Mère. Un saint du Ciel peut harmoniser et transformer le Ciel. Un saint du Tao est doté de capacités extraordinaires de la Source du Tao.

des messages négatifs dans son shen qi jing. En quoi consiste la vie ? Il peut se résumer en une phrase :

La vie consiste à transformer les messages négatifs du shen qi jing en messages positifs.

Quels sont les messages négatifs du shen qi jing ? Les messages négatifs du shen qi jing sont des messages négatifs de l'âme, du cœur, de la conscience, de l'énergie et de la matière.

Les messages négatifs de l'âme sont des informations sur des erreurs commises par nous-mêmes ou par nos ancêtres, dans cette vie ou dans une autre. On peut citer parmi elles : tuer, faire du mal, profiter d'autrui, tricher ou voler.

Parmi les messages négatifs du cœur, on peut citer : tan (貪 l'avidité), chen (嗔 la colère), chi (痴 le manque de sagesse dans les actes, les activités, le comportement, la parole et la pensée), man (慢 l'ego), yi (疑 le doute), ming li (名利 le désir de gloire et de fortune), l'égoïsme, les impuretés, et plus encore.

Les messages négatifs de la conscience incluent les états d'esprit négatifs, les croyances négatives, les attitudes négatives, l'ego, les attachements, et plus encore.

Les messages énergétiques négatifs sont localisés entre les cellules et les organes, dans les espaces du corps humain. Il s'agit notamment d'excès d'énergie, de manque d'énergie, de blocages d'énergie, d'énergie mal placée, et plus encore.

Les messages négatifs de la matière sont localisés dans les cellules et les organes du corps humain. Il s'agit notamment de croissances inappropriées, de déséquilibres, d'insuffisance de matière, ou d'irrégularités dans l'ADN ou l'ARN, et plus encore.

Les relations, les finances et tous les aspects de la vie peuvent aussi porter en eux des messages négatifs de l'âme, du cœur, de la conscience, de l'énergie et de la matière. Si vous rencontrez des difficultés relationnelles, financières ou dans tout autre aspect de la vie, cela signifie qu'il y a, dans cet aspect de votre vie, des informations ou messages négatifs de l'âme, du cœur, de la conscience, de l'énergie ou de la matière.

À travers l'histoire, des millions et des millions de personnes ont cherché et ont essayé d'atteindre le plus haut degré d'éveil. Des millions de personnes ont étudié, respecté et honoré les grands bouddhas, les immortels et les saints de toutes les traditions spirituelles. Je souhaite que plus de personnes puissent atteindre le plus haut degré d'éveil.

Six Techniques Sacrées du Pouvoir du Tao

LES TECHNIQUES de guérison et de transformation de la Source du Tao ont été transmises à l'humanité par le passé. Elles sont par exemple utilisées depuis des millénaires dans des pratiques énergétiques et spirituelles chinoises. Dans ce chapitre, je résume et partage avec l'humanité les six techniques les plus importantes du pouvoir sacré du Tao, à savoir :

- Le Pouvoir du Corps
- Le Pouvoir de l'Âme
- Le Pouvoir du Mental
- Le Pouvoir du Son
- Le Pouvoir de la Respiration
- Le Pouvoir de la Calligraphie du Tao

Dans les chapitres suivants, nous appliquerons ces six techniques du pouvoir sacré dans de nombreuses pratiques, afin de transformer toute vie.

Le Pouvoir du Corps

Le Pouvoir du Corps consiste à se servir de positions des mains et du corps pour purifier et enlever des messages négatifs du shen qi jing afin de guérir, d'accroître l'énergie, de régénérer, de prolonger la vie, ou de transformer des relations ou une situation financière, et plus encore.

À travers l'histoire, l'humanité s'est servie de beaucoup de positions différentes du corps et des mains qui portent en elles le Pouvoir du Corps. Pensez par exemple aux nombreux mudras utilisés notamment dans l'hindouisme, le bouddhisme, le yoga, la danse indienne, et plus encore.

Il s'agit de postures ou de gestes symboliques qui peuvent être effectués avec tout le corps, ou simplement avec les mains et les doigts. Beaucoup de mudras sont dotés d'un pouvoir et d'une signification spirituels profonds et sont présents dans de nombreuses représentations artistiques des grands saints et bouddhas de nombreuses traditions.

L'essence de la technique simple du Pouvoir du Corps que j'appliquerai le plus souvent dans ce livre peut être décrite en une phrase :

Vous recevez la guérison et la transformation là où vous posez vos mains.

Le Pouvoir de l'Âme

Le Pouvoir de l'Âme consiste à établir, en les saluant (en disant *bonjour*), une connexion d'âme à âme, de cœur à cœur, avec la Source du Tao, le Ciel, la Terre-Mère, la nature, le soleil et la lune, et les innombrables planètes, étoiles, galaxies et univers, ainsi qu'avec tous les royaumes des pères et mères spirituels—les saints et les bouddhas—auxquels on croit. Le Pouvoir de l'Âme consiste aussi à saluer (dire *bonjour*) les âmes internes, y compris les âmes de vos systèmes, de vos organes, des parties de votre corps, de vos cellules, de vos espaces, et plus encore.

La pratique et la sagesse sacrées du Pouvoir de l'Âme peuvent se résumer en une phrase :

Vous recevez la guérison et la bénédiction de l'essence ou de l'être auquel vous vous reliez et que vous saluez (à qui vous dites *bonjour*).

Le Pouvoir du Mental

Le Pouvoir du Mental est la visualisation créatrice. De nombreux enseignants ont transmis beaucoup de grandes techniques de visualisation. Une des pratiques les plus puissantes du Pouvoir du Mental consiste à visualiser une lumière dorée rayonnant dans votre corps, vos relations ou votre situation financière. Il y a un ancien dicton qui dit : jin guang zhao ti, bai bing xiao chu (金光照體, 百病消除). « Jin » signifie *l'or.* « Guang » signifie *la lumière.* « Zhao » signifie *briller.* « Ti » signifie *le corps.* « Bai » signifie *une centaine,* ce qui représente *beaucoup* ou *de toutes sortes.* « Bing » signifie *la maladie.* « Xiao chu » signifie *éliminer.* Donc « jin guang zhao ti, bai bing xiao chu » signifie *la lumière dorée brille dans le corps et toute maladie est éliminée.*

Le Pouvoir du Mental peut se résumer en une phrase :

Vous devenez ce que vous visualisez.

Le Pouvoir du Son

Le Pouvoir du Son consiste à réciter ou à chanter des mantras sacrés. Un mantra est un son ou un message de guérison et de transformation qui doit être récité ou chanté de façon répétitive. Il existe de nombreux mantras sacrés de guérison et de transformation. Leur taille varie d'une simple syllabe (« Aum ») à un texte de plusieurs centaines de lignes avec une syntaxe et un sens.

Le Pouvoir du Son peut se résumer en une phrase :

Vous devenez ce que vous visualisez.

Le Pouvoir de la Respiration

Le Pouvoir de la Respiration consiste à se servir de techniques de respiration particulières.

Il existe de nombreuses techniques de respiration. Beaucoup sont enseignées dans le but de réduire le stress, d'accroître l'énergie, ou simplement d'améliorer la fonction pulmonaire. La pratique yogique du contrôle de la respiration, appelée pranayama, est une des pratiques ancestrales les plus connues parmi celles encore répandues aujourd'hui.

Le Pouvoir de la Respiration peut se résumer en une phrase :

Les différentes techniques de respiration ont pour but de développer, de guérir et de transformer différentes parties du corps.

Le Pouvoir de la Calligraphie du Tao

Comme je l'ai expliqué dans le premier chapitre, le Pouvoir de la Calligraphie du Tao consiste à tracer, chanter ou écrire la Calligraphie du Tao.

La Calligraphie du Tao n'a pas de limite. La Calligraphie du Tao porte en elle le shen qi jing positif de la Source du Tao qui peut transformer tout shen qi jing négatif présent dans toute vie, incluant la santé, les relations ou les finances.

Il est donc possible d'écrire des Calligraphies du Tao pour aider à :

- augmenter l'énergie, l'endurance, la vitalité et l'immunité
- guérir et transformer les corps physique, émotionnel, mental ou spirituel
- guérir et transformer tout type de relation
- guérir et transformer une situation financière et professionnelle
- ouvrir les canaux de communication spirituels
- développer l'intelligence et la sagesse
- éveiller l'âme, le cœur, la conscience et le corps
- et plus encore

Le Pouvoir de la Calligraphie du Tao peut se résumer en une phrase :

Vous devenez ce que vous tracez,
chantez ou écrivez en Calligraphie du Tao.

L'union des six pouvoirs

La pratique d'une des six techniques du pouvoir sacré est très puissante. La pratique simultanée des six techniques du pouvoir sacré est extrêmement puissante. La pratique des six techniques du pouvoir sacré en une peut apporter plus de shen qi jing positif de la Source du Tao et plus rapidement, dans les domaines de la santé, des relations, des finances, et dans tout aspect de la vie.

Dans ce livre, je vous expliquerai comment utiliser ensemble les six techniques sacrées du pouvoir du Tao pour guérir et transformer tous les aspects de la vie.

Le Pardon

Le Pardon est un élément clé du Pouvoir de l'Âme dans les six techniques de pouvoir sacré du Tao. Le Pardon est un moyen de guérison spirituelle et énergétique puissant de tous les blocages—physiques, émotionnels, mentaux et spirituels—dans les domaines de la santé, des relations ou des finances. Pardonnez à tous ceux qui vous ont importuné, blessé ou ont été en conflit avec vous. Si vous pouvez offrir le pardon inconditionnel à ceux qui vous ont blessé ou importuné, vous pourrez recevoir d'incroyables bénédictions de guérison et de transformation.

Pourquoi ? Parce que les personnes qui vous ont blessé ont laissé un message négatif de cette blessure dans votre âme, dans votre cœur, dans votre subconscient, dans votre esprit conscient, et dans l'âme, le cœur, la conscience et le corps de vos organes et de vos cellules. Ce message négatif aura des répercussions sur la vibration cellulaire, entraînant un déséquilibre dans la transformation entre la matière intracellulaire et l'énergie extracellulaire. Ce déséquilibre provoque des maladies. Si vous pouvez offrir le pardon entier et inconditionnel à ceux qui vous ont blessé, la lumière et l'amour divins élimineront le message de la blessure imprimé dans votre âme, votre cœur, votre conscience, vos organes et vos cellules. C'est la raison pour laquelle le pardon peut aider à transformer les maladies existantes et éviter les maladies à venir.

Il est aussi vital de demander pardon à ceux que vous avez blessés. Quand ceux que vous avez offensés ou blessés vous accordent leur pardon, vous êtes libéré de leur colère, de leur vengeance, etc. L'empreinte de la souffrance doit être effacée des deux côtés pour que la guérison et la transformation soient complètes. Vous et l'autre êtes alors harmonisés et transformés. Votre relation aussi est harmonisée et transformée.

Le pardon inconditionnel est plus facile à exprimer qu'à appliquer. Plus vous pouvez offrir ce véritable pardon inconditionnel, plus la guérison peut apparaître rapidement. Le potentiel de guérison est illimité.

Ce ne sont pas des paroles en l'air. Les bienfaits physiques et émotionnels du pardon ont été confirmés scientifiquement. Les recherches ont montré que le pardon réduit le stress causé par les émotions déséquilibrées que sont l'amertume, la colère et la peur. Comme l'a déclaré un jour un sage : « Avant de prendre la route pour aller vous venger, creusez deux tombes. »

Guérison et Transformation avec les Cinq Éléments

EN MÉDECINE TRADITIONNELLE CHINOISE, les Cinq Éléments (wu xing 五行) constituent une des théories et des pratiques les plus importantes. Les écoles de médecine traditionnelle chinoise offrent des enseignements très profonds sur les Cinq Éléments.

Les Cinq Éléments sont une des grandes lois universelles. On ne soulignera jamais assez leur signification et leur pouvoir.

Qu'est-ce que les Cinq Éléments ?

Les Cinq Éléments de la nature (le Bois 木, le Feu 火, la Terre 土, le Métal 金, l'Eau 水) résument et classifient les organes internes, les organes sensoriels, les tissus et fluides corporels, le corps émotionnel, et plus encore, d'un être humain. Les systèmes, organes et cellules du corps peuvent tous être classifiés selon les cinq éléments. L'équilibre entre les cinq éléments est un des principes de guérison de la médecine traditionnelle chinoise. La théorie des Cinq Éléments a guidé des millions de personnes, depuis des siècles, pour guérir leurs maux et régénérer leur âme, leur cœur, leur conscience et leur corps.

En élargissant cette sagesse, il existe d'innombrables planètes dans l'univers. Ces planètes peuvent être classées en cinq groupes, associés au Bois, au Feu, à la Terre, au Métal ou à l'Eau.

Les innombrables étoiles, galaxies et univers peuvent aussi être classés selon les cinq éléments. L'équilibre entre les cinq éléments est un des principes de guérison des innombrables planètes, étoiles, galaxies et univers.

L'illustration 8 montre comment les organes corporels, les organes sensoriels, les tissus, les fluides et les émotions-clés sont classés selon les cinq éléments.

L'élément Bois

L'élément Bois rassemble notamment, dans le corps physique, le foie, la vésicule biliaire, les yeux, les tendons et les ongles, et dans le corps émotionnel la colère.

L'élément Feu

L'élément Feu rassemble notamment, dans le corps physique, le cœur, l'intestin grêle, la langue et tous les vaisseaux sanguins, et dans le corps émotionnel, l'anxiété et la dépression.

Élément	Organe yin (zang)	Organe yang (fu)	Tissu corporel	Fluide corporel	Sens	Émotion en déséquilibre	Émotion équilibrée
Bois	Foie	Vésicule biliaire	Tendons Ongles	Larmes	Yeux Vue	Colère	Patience
Feu	Cœur	Intestin grêle	Vaisseaux sanguins	Sueur	Langue Goût	Dépression Anxiété Irritabilité	Joie
Terre	Rate (Pancréas)	Estomac	Muscles	Salive	Bouche Lèvres Parole	Inquiétude, Soucis	Amour Compassion
Métal	Poumons	Gros Intestin	Peau	Mucosités	Nez Odorat	Chagrin Tristesse	Courage
Eau	Reins	Vessie	Os Articulations	Urine	Oreilles Ouïe	Peur	Calme

Illustration 8. Les Cinq Éléments dans le corps physique et le corps émotionnel

L'élément Terre

L'élément Terre inclut notamment dans le corps physique la rate, l'estomac, la bouche, les lèvres, les gencives, les dents et les muscles, et dans le corps émotionnel, l'inquiétude.

L'élément Métal

L'élément Métal inclut notamment dans le corps physique les poumons, le gros intestin, le nez et la peau, et dans le corps émotionnel, la tristesse et le chagrin.

L'élément Eau

L'élément Eau inclut notamment dans le corps physique les reins, la vessie, les oreilles, les os et les articulations, et dans le corps émotionnel, la peur.

L'illustration 9 ci-dessous montre comment d'autres catégories sont classées selon les Cinq Éléments, dont des catégories liées à l'environnement extérieur.

Élément	Doigt	Saveur	Couleur	Temps	Saison	Direction	Étape	Énergie
Bois	Index	Acide	Vert	Venteux	Printemps	Est	Nouveau yang	Généra-trice
Feu	Majeur	Amère	Rouge	Chaud	Été	Sud	Plein yang	Expansive
Terre	Pouce	Sucrée	Jaune	Humide	Change-ment de saison	Centrale	Équilibre yin-yang	Stabili-sante
Métal	Annulaire	Piquante Umami	Blanc	Sec	Automne	Ouest	Nouveau yin	Contrac-tante
Eau	Auricu-laire	Salée	Bleu	Froid	Hiver	Nord	Plein yin	Conserva-trice

Illustration 9. Les Cinq Éléments dans la nature et plus

Pouvoir et signification des Cinq Éléments pour la guérison et la transformation

À l'instar de toutes les parties de notre corps physique, les Cinq Eléments sont interreliés. Les quatre grands types de relations entre les Cinq Éléments sont :

- la génération (production)
- le contrôle
- le contrôle excessif
- le contrôle inversé

La relation *de génération (de production)* peut se comprendre comme une relation mère-fils. La mère donne naissance au fils et le nourrit. La mère engendre et nourrit le fils. Il y a cinq paires mère-fils dans les Cinq Éléments (voir illustration 10) :

- Le Bois génère le Feu (est la mère du Feu).
- Le Feu génère la Terre.
- La Terre génère le Métal.
- Le Métal génère l'Eau.
- L'Eau génère le Bois.

On peut observer ces relations dans la nature, où le bois s'enflamme pour démarrer un feu, où le feu produit des cendres qui tombent sur la terre, où la terre peut être exploitée pour son métal, où le métal porte l'eau (comme avec un seau ou une canalisation), et où la pluie printanière fait pousser les plantes.

En appliquant cette loi aux organes du corps, on voit qu'un organe mère sain nourrit son organe fils. Ainsi, un foie en bonne santé (élément Bois) dont l'âme, l'énergie et la matière sont équilibrées (shen qi jing positif) et n'ont pas de blocages (shen qi jing négatif) nourrira pleinement l'âme, l'énergie et la matière du cœur (élément Feu). De même, un cœur en bonne santé nourrira la rate (élément Terre) ; une rate en bonne santé nourrira les poumons (élément Métal) ; des poumons en bonne santé nourriront les reins (élément Eau) ; et des reins en bonne santé nourriront le foie (élément Bois).

La relation de génération (production), ou relation mère-fils, est très importante entre les Cinq Éléments.

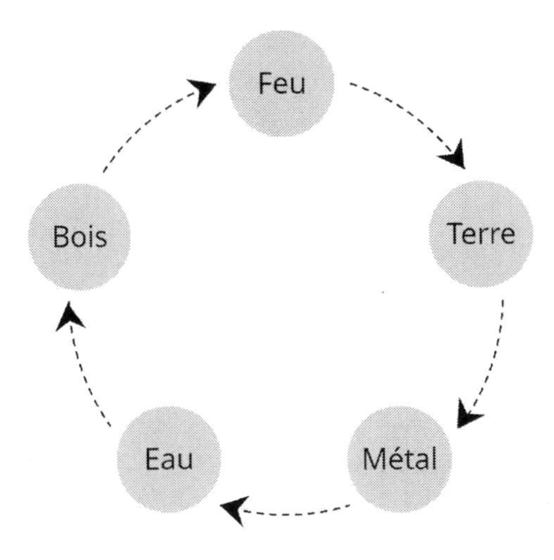

Illustration 10. La relation de génération (production) entre les Cinq Éléments

La relation *de contrôle* montre l'ordre de domination ou de contrôle entre les Cinq Éléments (voir illustration 11) :

- Le Bois contrôle la Terre.
- La Terre contrôle l'Eau.
- L'Eau contrôle le Feu.
- Le Feu contrôle le Métal.
- Le Métal contrôle le Bois.

Dans le monde naturel, le bois puise ses nutriments dans la terre, la terre retient l'eau, l'eau éteint le feu, le feu fait fondre le métal, et le métal coupe le bois.

Les relations de *contrôle excessif* et de *contrôle inversé* sont des relations déséquilibrées qui peuvent décrire et expliquer les pathologies des organes du corps. Ces relations et pathologies sont provoquées par des blocages de shen qi jing négatif.

Vous pouvez vous servir de la théorie des Cinq Éléments pour équilibrer les corps physique, émotionnel, mental et spirituel, ainsi que vos relations et vos finances. Cette théorie peut aussi être utilisée pour équilibrer la nature. Elle peut aider à équilibrer les planètes, les étoiles, les galaxies et les univers.

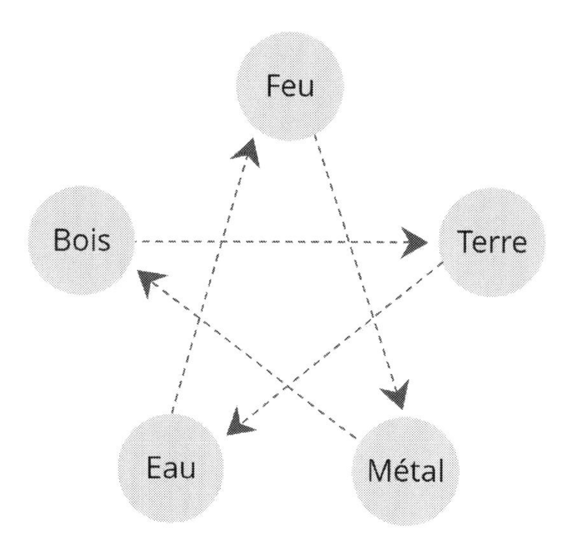

Illustration 11. La relation de contrôle entre les Cinq Éléments

Un autre enseignement fondamental, et grande théorie de la médecine traditionnelle chinoise est le zang fu 臟腑. « Zang » signifie *viscères.* « Fu » signifie *entrailles.* « Zang fu » inclut cinq organes zang, six organes fu, et des organes « extraordinaires ».

Les cinq organes zang sont le foie, le cœur, la rate, les poumons et les reins. Il s'agit des organes yin des Cinq Éléments. Cinq des six organes fu sont les organes associés aux organes zang. Il s'agit des organes yang des Cinq Éléments. (Voir illustration 8.) Les cinq paires zang-fu sont donc :

- élément Bois : foie (*zang*), vésicule biliaire (*fu*)
- élément Feu : cœur (*zang*), intestin grêle (*fu*)
- élément Terre : rate (*zang*), estomac (*fu*)
- élément Métal : poumons (*zang*), gros intestin (*fu*)
- élément Eau : reins (*zang*), vessie (*fu*)

Le sixième organe fu est le San Jiao 三焦. « San » signifie *trois.* « Jiao » signifie *réchauffer.* Le San Jiao ou Triple Réchauffeur est le plus grand organe fu, quoi qu'il ne soit pas un organe en tant que tel. Il s'agit plutôt de l'espace dans le corps (de trois cavités viscérales) qui contient tous les organes internes.

Les éléments du San Jiao sont le Jiao Supérieur, le Jiao Moyen et le Jiao Inférieur. Le Jiao Supérieur est la partie du corps située au-dessus du diaphragme. Elle comprend le cœur et les poumons. Le Jiao Moyen est l'espace entre le diaphragme et le nombril. Il comprend le pancréas, l'estomac et la rate. Le Jiao Inférieur est l'espace situé entre le niveau du nombril en haut, et le bas du tronc et les organes génitaux en bas. Il comprend l'intestin grêle et le gros intestin, la vessie, les reins, les organes reproducteurs, les organes sexuels et le foie. Voir illustration 15, page 92.

Bien que le foie soit physiquement situé dans le Jiao Moyen, la médecine traditionnelle chinoise croit que le foie et les reins ont la même source et ont une relation étroite entre eux. La théorie des Cinq Éléments enseigne que les reins sont la mère du foie. C'est pourquoi le foie fait partie du Jiao Inférieur.

Les organes « extraordinaires » incluent le cerveau, la moelle épinière, les os et l'utérus.

Pourquoi inclure dans ce livre cet enseignement sur les Cinq Éléments ? Il est important de comprendre qu'offrir une guérison à un des cinq organes principaux (les organes yin ou *zang*), quel qu'il soit, à l'aide des six techniques sacrées du pouvoir du Tao, aidera à soulager tout ce qui est lié à cet élément. L'organe yin étant l'organe d'autorité de son élément, tous les organes, tissus et fluides de cet élément recevront simultanément les bienfaits de sa guérison. Les déséquilibres émotionnels liés à cet élément recevront eux aussi simultanément les bienfaits de la guérison.

Ainsi, le foie est l'organe d'autorité de l'élément Bois. L'élément Bois inclut la vésicule biliaire, les yeux, les tendons et les ongles dans le corps physique, et la colère dans le corps émotionnel. Quand vous offrez la guérison à votre foie, les autres organes (yeux, vésicule biliaire), les tissus (tendons et ongles) et l'émotion en déséquilibre (la colère) de l'élément Bois reçoivent aussi guérison, prévention des maladies et régénération. Il en est de même pour chacun des cinq éléments.

Dans mon livre *Soul Healing Miracles* (« Les Miracles de la Calligraphie du Tao »),[9] j'ai expliqué en détail la sagesse des Cinq Éléments. Je résumerai ici l'essence de la théorie des Cinq Éléments dans la médecine traditionnelle chinoise.

Foie

- Stocke et régule le sang
- Régule et maintient la circulation du qi et du sang
  - Régule les émotions
  - Aide à la digestion et à l'absorption de nourriture
  - Soutient la libre circulation du qi et du sang
- Domine et contrôle les tendons et se manifeste dans les ongles
- S'ouvre dans les yeux à travers les méridiens ; les yeux sont liés au méridien du foie

Cœur

- Gouverne le sang et les vaisseaux sanguins
- Se manifeste sur le visage
- Abrite la conscience et s'occupe des activités mentales
- S'ouvre dans la bouche à travers les méridiens
- La sueur est le fluide du cœur

Rate

- Absorbe, transporte, distribue et transforme les nutriments pour nourrir le corps tout entier, de la tête aux pieds, de la peau jusqu'aux os
  - Absorbe, distribue et transforme les nutriments
  - Transporte et transforme les liquides
- Contrôle et soutient la circulation sanguine dans les vaisseaux sanguins
- Domine les muscles et les quatre extrémités
- S'ouvre dans la bouche par les méridiens, et se manifeste sur les lèvres

---

[9] Dr. and Master Zhi Gang Sha, *Soul Healing Miracles: Ancient and New Sacred Wisdom, Knowledge, and Practical Techniques for Healing the Spiritual, Mental, Emotional, and Physical Bodies*, Dallas, TX/Toronto, ON: BenBella Books/Heaven's Library Publication Corp., 2013.

Poumons

- Dominent le qi, dont le qi respiratoire et le qi de tout le corps
  - Contrôlent le qi respiratoire
  - Contrôlent le qi de tout le corps
- Dominent le qi, l'essence des aliments et les fluides corporels, les font descendre et les distribuent à tous les systèmes, organes et méridiens, ainsi qu'à la peau, aux cheveux et aux muscles
- Régulent les passages de l'eau et aident à maintenir un métabolisme de l'eau normal
- S'ouvrent dans le nez à travers les méridiens

Reins

- Stockent le jing (matière) pré- et post-natal et dominent le développement et la reproduction
  - Essence héritée de la vie (jing prénatal)
  - Essence développée de la vie (jing postnatal)
- Dominent le métabolisme de l'eau
- Reçoivent le qi
- Dominent les os, fabriquent la moelle qui remplit le cerveau, et se manifestent dans les cheveux
- S'ouvrent dans les oreilles à travers les méridiens, et dominent les orifices antérieurs et postérieurs

J'aimerais insister sur la sagesse des relations entre les organes physiques et les émotions au sein des cinq éléments. Comme nous le savons maintenant, les êtres humains sont composés de quatre corps interreliés et inséparables : les corps physique, émotionnel, mental et spirituel. Le déséquilibre et la maladie de l'un de ces corps influencent les autres et peuvent y provoquer des maladies.

Le lien entre le corps physique et le corps émotionnel a été reconnu et expliqué par les praticiens de la médecine chinoise traditionnelle il y a plusieurs millénaires. Par leurs observations perspicaces, les guérisseurs avaient compris que les maladies du foie entraînaient colère et rage dans le corps émotionnel. L'inverse est vrai également. Ils avaient compris qu'une colère non résolue dans le corps émotionnel pouvait entraîner des dysfonctionnements du foie, ce qui pouvait provoquer d'autres problèmes de santé. En fait, la sagesse ancienne affirme que la colère est la cause de cancer la plus répandue.

Des liens semblables observés entre d'autres émotions et des organes physiques sont toujours valables. Les personnes souffrant de problèmes cardiaques sont plus enclines à l'anxiété, à la dépression, à l'excitation et à une joie extrême dans leur corps émotionnel. Inversement, l'anxiété prolongée, la dépression et l'excès d'excitation ou de joie peuvent entraîner des problèmes de cœur. Les problèmes de rate et d'estomac provoquent souvent des inquiétudes, et l'excès d'inquiétude peut générer des problèmes de rate et d'estomac.

L'interconnexion entre les corps émotionnel et physique s'étend aux émotions de peur et de chagrin. Si vous souffrez d'une maladie pulmonaire, vous êtes plus susceptible de souffrir de tristesse ou de chagrin, et inversement. Les problèmes de reins sont liés à la peur dans le corps émotionnel. C'est ainsi que l'émission involontaire d'urine est une réaction courante à une peur soudaine.

Regardons de plus près le lien entre la colère, dans le corps émotionnel, et le foie. Souvent, les personnes souffrant d'une maladie du foie comme une hépatite, une cirrhose, une tumeur ou un cancer du foie ont facilement des accès de colère. L'inverse est vrai également. Si vous êtes souvent en colère et en proie à la rage à la moindre provocation, votre colère constante nuit à votre foie en bloquant son énergie.

Rappelez-vous la dernière fois où vous vous êtes disputé avec un membre de votre famille, un collègue ou un étranger au point de perdre votre sang-froid. Quelle que soit la raison de ce qui vous a mis en colère, vous avez sans doute aussi perdu l'appétit. Tout le monde a déjà vécu cela. Quand on est contrarié, la colère stimule les cellules du foie et les rend trop actives. Par conséquent, le foie dégage plus d'énergie que d'habitude, exerçant une pression sur l'estomac et nous faisant perdre l'appétit. La perte d'appétit n'est qu'un des premiers symptômes du stress du foie engendré par la colère. Les autres manifestations peuvent inclure des problèmes de digestion, une maladie du foie ou le cancer.

La colère prolongée, comme une rancune perpétuelle ou une rage qui revient régulièrement, provoque une émanation constante d'énergie en excès dans le foie. Si les tissus et organes qui l'entourent ne peuvent dissiper cet excès d'énergie assez rapidement, un blocage se formera dans et autour du foie. Avec le temps, ce blocage entraînera un dysfonctionnement du foie, une maladie du foie, ou d'autres complications comme un cancer.

ꕥ ꕥ ꕥ

Les Cinq Éléments sont une loi universelle. La théorie et la pratique des Cinq Éléments s'appliquent à un être humain. Elles s'appliquent à la Terre-Mère. Elles s'appliquent aux innombrables planètes, étoiles, galaxies et univers.

Les Cinq Éléments constituent une des sagesses et un des principes de guérison les plus importants de la médecine traditionnelle chinoise. Leur sagesse est très profonde. Il y a de la souplesse et de la créativité dans les Cinq Éléments. Cher lecteur, vous pourrez acquérir une sagesse et des bienfaits plus profonds en me rejoignant dans le prochain chapitre de ce livre, afin d'appliquer les Cinq Éléments dans la guérison et la transformation de votre vie.

Mettre en pratique les Six Techniques Sacrées du Pouvoir du Tao pour Guérir les Cinq Éléments du Corps Physique et du Corps Émotionnel

LES CINQ ÉLÉMENTS sont présents dans tous les êtres humains. Les cinq éléments sont présents dans tous les animaux. Les cinq éléments sont présents dans les innombrables planètes, étoiles, galaxies et univers. Équilibrer les cinq éléments, c'est apporter la guérison et la transformation.

Depuis les temps anciens, trois techniques sacrées de guérison et de transformation sont largement répandues dans de nombreuses cultures et traditions. En chinois, on les appelle :

- shen mi 身密, ce qui signifie *le secret du corps*
- kou mi 口密, ce qui signifie *le secret de la bouche*
- yi mi 意密, ce qui signifie *le secret de la pensée*

Dans ce livre, shen mi est le Pouvoir du Corps, kou mi, le Pouvoir du Son, et yi mi, le Pouvoir du Mental. J'ai partagé trois techniques supplémentaires du pouvoir sacré, à savoir le Pouvoir de l'Âme, le Pouvoir de la Respiration et le Pouvoir de la Calligraphie du Tao.

Je me permets d'insister sur le fait que l'application d'une de ces techniques de pouvoir sacré est puissante. L'application simultanée des trois techniques traditionnelles du pouvoir sacré (le Pouvoir du Corps, le Pouvoir du Son et le Pouvoir du Mental) est plus puissante.

L'application simultanée des six techniques sacrées du pouvoir du Tao est extrêmement puissante.

Vous pouvez les pratiquer par tranches de cinq à dix minutes. Vous pouvez les pratiquer par tranches d'une demi-heure, d'une heure ou plus. Il n'y a pas de limite de temps. Plus vous pratiquez longtemps, plus vous en recevrez les bienfaits. Je vous souhaite, à vous et à chacun des lecteurs, d'appliquer et de pratiquer de tout cœur les six techniques sacrées du pouvoir du Tao ensemble, afin de guérir et de transformer tous les aspects de votre vie, incluant votre santé, vos relations et vos finances.

Mettons en pratique ensemble les six techniques sacrées du pouvoir du Tao afin de guérir et de transformer les cinq éléments des corps physique et émotionnel.

L'élément Bois

Mettez en pratique les six techniques sacrées du pouvoir du Tao pour guérir l'élément Bois, qui inclut le foie (l'organe zang de l'élément Bois), la vésiculaire biliaire (l'organe fu de l'élément Bois), les yeux (l'organe sensoriel), les tendons et les ongles (les tissus corporels), et la colère (l'émotion déséquilibrée).

Pouvoir du Corps. Posez une main sur le foie. Posez l'autre main sur le bas-ventre, sous le nombril.

Pouvoir de l'Âme. Dites *bonjour* aux âmes internes :[10]

Chers âme, cœur, conscience, corps de mon foie, de ma vésicule biliaire, de mes tendons, de mes ongles et du corps émotionnel de l'élément Bois,
Je vous aime, je vous honore et je vous apprécie.

---

[10] Vos âmes internes sont les âmes de votre shen qi jing (âme, cœur, conscience, énergie, matière). Elles incluent notamment votre « âme corporelle » (votre âme principale), les âmes de vos systèmes, organes, tissus et cellules, et les âmes des espaces et canaux de votre corps.

Vous avez le pouvoir de guérir et de régénérer mon foie, ma vésicule biliaire, mes yeux, mes tendons et mes ongles, ainsi que de transformer et prévenir la colère.
Faites un bon travail.
Merci.

Dites *bonjour* aux âmes externes :[11]

Chère Source du Tao, cher Divin,
Chers bouddhas et saints (vous pouvez nommer des êtres célestes ou des pères et mères spirituels en qui vous croyez),
Cher Ciel, chère Terre-Mère, et chers planètes, étoiles, galaxies et univers innombrables,
Je vous aime, je vous honore et je vous apprécie.
Veuillez pardonner mes ancêtres et moi-même pour toutes les erreurs, liées au foie, à la vésicule biliaire, aux yeux, aux tendons, aux ongles et à la colère, que nous avons commises dans toutes nos vies.
Je suis sincèrement désolé de toutes ces erreurs.
Je demande pardon du plus profond de mon cœur à toutes les âmes que mes ancêtres et moi-même avons blessées de ces façons.
Afin de me faire pardonner, je vivrai une vie de service inconditionnel.
Le chant et la méditation sont des services.
Je chanterai et méditerai autant que je le pourrai.
J'offrirai un service inconditionnel autant que je le pourrai.
J'accorde un pardon inconditionnel à tous ceux qui ont blessé ou importuné mes ancêtres ou ma personne, dans toutes nos vies.
Je suis extrêmement reconnaissant.
Merci.

Pouvoir du Mental. Visualisez une lumière dorée rayonnant dans et autour du foie. C'est la visualisation de base, que vous pourrez toujours utiliser pour guérir et transformer le foie ainsi que l'élément Bois tout entier. Quand nous nous pencherons sur le Pouvoir du Son, nous ajouterons plus de composants afin d'augmenter le pouvoir de la visualisation.

---

[11] Les âmes externes sont les innombrables âmes à l'extérieur de votre shen qi jing. En général, nous disons *bonjour* aux maîtres du Ciel (la Source du Tao et le Divin/Dieu) et aux saints du Ciel (ceux en qui l'on croit), à la Terre-Mère, au soleil, à la lune, et aux innombrables planètes, étoiles, galaxies et univers.

Pouvoir de la Respiration. En inspirant, laissez votre abdomen s'élargir. En expirant, contractez votre abdomen. Assurez-vous d'inspirer et d'expirer avec douceur, régularité et naturel. La durée et la profondeur de chaque respiration—inspiration et expiration—dépendent de votre forme personnelle. Elles seront différentes pour chaque personne. Faites ce qui est naturel. En continuant à pratiquer ainsi, la durée et la profondeur de vos respirations augmenteront petit à petit. J'insiste à nouveau sur le principe clé de *suivre la voie de la nature.* Souvenez-vous de ne jamais prolonger délibérément votre respiration. Vos respirations s'allongeront naturellement avec la pratique.

Pouvoir du Son. En chantant, nous combinons le Pouvoir du Son au Pouvoir de la Respiration et à une visualisation plus précise du Pouvoir du Mental. Pour cette pratique comme pour les autres de ce chapitre, regardez les vidéos qui ont été créées pour vous avec mon chant.

Étape 1

a. Inspirez. Visualisez une lumière dorée partant de votre nez pour descendre au centre de votre corps jusqu'en bas du tronc, où elle se concentre en une boule, dans votre premier chakra énergétique[12] (la première Maison de l'Âme).

b. Expirez. Chantez « Xu » (prononcer *chu*), le son sacré de l'élément Bois. Simultanément, visualisez la boule de lumière dorée rouler vers le haut, de la première Maison de l'Âme jusqu'au foie, où elle explose et rayonne dans toutes les directions à partir du foie.

c. Accomplissez les étapes 1a et 1b sept fois de suite.

Étape 2

a. Inspirez. Visualisez une lumière dorée partant de votre nez pour descendre au centre de votre corps jusqu'en bas du tronc, où elle se concentre en une boule, dans votre premier chakra énergétique (la première Maison de l'Âme).

---

[12] Il y a en bas de votre tronc un espace de la taille du poing. C'est un centre d'énergie spirituelle appelé chakra racine dans les enseignements ancestraux des Védas et de l'hindouisme. C'est le premier des sept principaux chakras énergétiques sur lesquels j'enseigne, qui sont aussi les Maisons de l'Âme de son corps. Vous en apprendrez plus sur le pouvoir et la signification des chakras/Maisons de l'Âme au chapitre huit, ainsi que sur leur importance pour toute guérison et transformation. Voir illustration 14, page 90.

b. Expirez. Chantez « Xu Xu Xu ». Simultanément, visualisez la boule de lumière dorée se déplacer, en tournant, de la première Maison de l'Âme jusqu'au foie, où là, elle tourne sur elle-même, explose et brille dans toutes les directions.

c. Accomplissez les étapes 2a et 2b quatre fois de suite.

Étape 3

a. Inspirez. Même visualisation qu'aux étapes 1a et 2a.

b. Expirez. Chantez :

Xu Ya (prononcer *chu ya*)
Xu Ya Xu Ya You (prononcer *chu ya chu ya yô*)
Xu Ya Xu Ya You
Xu Ya Xu Ya Xu Ya You
Xu Ya Xu Ya Xu Ya Xu Ya You

Quand vous récitez ces cinq vers, inspirez rapidement à la fin de chacun d'eux et visualisez la boule de lumière dorée tourner comme suit :

Quand vous chantez le premier vers, la boule de lumière dorée effectue un petit cercle partant du premier chakra énergétique (Maison de l'Âme) jusqu'au foie, puis au *Kun Gong*,[13] et revenant à la première Maison de l'Âme.

Quand vous chantez les vers 2 à 5, la boule de lumière dorée effectue un petit cercle partant du premier chakra énergétique (Maison de l'Âme) jusqu'au foie, puis jusqu'au Kun Gong, et revenant au chakra racine (première Maison de l'Âme). Quand vous chantez « You » dans ces vers, visualisez la boule de lumière dorée tracer un grand cercle. La boule entre dans la colonne vertébrale par un trou invisible devant le coccyx, puis monte le long de la colonne jusqu'à la zone occipitale, entre dans le cerveau et le traverse pour arriver au chakra couronne (septième Maison

---

[13] Kun est le nom d'un des hexagrammes du *Yi Jing* (*I Ching*). « Gong » signifie *le temple*. Le Kun Gong est un espace situé derrière le nombril. Le Kun Gong est très important, notamment pour le qi, pour l'éveil du corps, et pour le chemin spirituel avancé. Voir mon livre *Tao II: The Way of Healing, Rejuvenation, Longevity, and Immortality* (New York/Toronto: Atria Books/Heaven's Library Publication Corp., 2010) pour plus d'enseignements sur le Kun Gong. Le Kun Gong est capital dans la vie quotidienne, car c'est le lieu qui renferme la « lampe à huile » qui entretient et nourrit la vie physique.

de l'Âme) au-dessus de votre tête. À partir de là, elle redescend dans votre fosse nasale jusqu'au palais, puis traverse les cinquième, quatrième, troisième et deuxième chakras (Maisons de l'Âme) pour revenir au chakra racine (première Maison de l'Âme). Voir illustration 14, page 90.

c. Accomplissez les étapes 3a et 3b quatre fois de suite.

Vous pouvez chanter intérieurement ou à voix haute. Le mieux est de faire à la fois le chant yang et le chant yin chaque fois que vous pratiquez.

Pouvoir de la Calligraphie du Tao. La Calligraphie du Tao porte le shen qi jing du Tao, qui est l'âme, le cœur, la conscience, l'énergie et la matière de la Source du Tao. Ce shen qi jing positif du système d'information de la Source du Tao peut transformer le shen qi jing négatif de l'élément Bois et tous les aspects de la vie. J'inclus dans ce livre une Calligraphie du Tao qui soutient particulièrement la guérison et la transformation de l'élément Bois en vous.

Conclusion. Terminez votre séance de guérison, de bénédiction, de régénération et de transformation en disant :

> *Hao. Hao. Hao.* (qui signifie « bien, parfait, sain » en mandarin ; se prononce *haô*)
> *Merci. Merci. Merci.* (à toutes les âmes qui ont soutenu votre pratique)

La Calligraphie du Tao *Xu* (illustration 12) porte en elle un shen qi jing positif de la Source du Tao permettant de guérir et de transformer le shen qi jing négatif de l'élément Bois, y compris du foie, de la vésicule biliaire, des yeux, des tendons et des ongles, et de guérir et de prévenir la colère.

Comme je l'ai mentionné dans le chapitre un, il y a trois principaux moyens de pratiquer avec la Calligraphie du Tao : le tracé, le chant et l'écriture.

1. Tracer la Calligraphie du Tao

Il y a des liens sacrés entre les cinq doigts et les cinq éléments, à travers les canaux d'énergie.

L'index est lié à l'élément Bois, qui inclut notamment le foie, la vésicule biliaire, les yeux, les tendons et les ongles, et dans le corps émotionnel, la colère.

Le majeur est lié à l'élément Feu, qui inclut notamment le cœur, l'intestin grêle, les vaisseaux sanguins, la langue, et dans le corps émotionnel, la dépression et l'anxiété.

L'annulaire est lié à l'élément Métal, qui inclut notamment les poumons, le gros intestin, la peau, le nez, et dans le corps émotionnel, la tristesse et le chagrin.

Le petit doigt est lié à l'élément Eau, qui inclut notamment les reins, la vessie, les os et les articulations, les oreilles, et dans le corps émotionnel, la peur.

Le pouce est lié à l'élément Terre, qui inclut notamment la rate, l'estomac, les muscles, la bouche, les lèvres, les gencives, les dents, et dans le corps émotionnel, l'inquiétude.

Toutes ces connexions se font par les méridiens. Les méridiens sont les canaux énergétiques. Par conséquent, quand vous tracez la Calligraphie de la Source du Tao *Xu* du bout des doigts (voir illustration 4, page 8) ou avec votre Dan (voir illustration 6, page 9), le champ de shen qi jing positif de la Source du Tao viendra à votre élément Bois pour le guérir et le transformer. Voir le tracé de la Calligraphie du Tao *Xu* sur l'illustration 13.

J'insiste à nouveau :

Tracer la Calligraphie du Tao, c'est recevoir le shen qi jing positif de la Calligraphie du Tao pour guérir et transformer le shen qi jing négatif de votre corps.

Le shen qi jing positif porté par une Calligraphie du Tao crée un champ de guérison de la Calligraphie du Tao. Tracer une Calligraphie du Tao, c'est se relier à son champ. *Vous devenez ce que vous tracez.*

2. Chanter le son sacré de la Calligraphie du Tao

Chanter le son sacré, c'est incarner le shen qi jing positif que porte la Calligraphie du Tao. Chanter une Calligraphie du Tao, c'est aussi se relier à son champ. *Vous devenez ce que vous chantez.*

3. Écrire la Calligraphie du Tao

Vous pouvez vous servir d'un pinceau ou d'un stylo pour écrire la Calligraphie du Tao. Mes enseignants certifiés de Calligraphie du Tao et moi-même offrons une formation spécifique sur la façon de se servir d'un pinceau pour

Illustration 12. Calligraphie du Tao *Xu*, le son sacré de l'élément Bois

Illustration 13. Tracé de la Calligraphie du Tao *Xu*

écrire une calligraphie de forme Yi Bi Zi. L'écriture de la Calligraphie du Tao est un des moyens les plus puissants de se relier au champ de guérison de la Calligraphie du Tao. *Vous devenez ce que vous écrivez.*

Quand vous tracez ou écrivez une Calligraphie du Tao, le tracé ou l'écriture devient votre Pouvoir du Corps. (Nous nous concentrerons sur le tracé.) Mettre en pratique simultanément plusieurs techniques du pouvoir sacré du Tao peut s'avérer difficile quand on pratique le Pouvoir de la Calligraphie du Tao en la traçant. Détendez-vous. Contentez-vous de faire ce que vous pouvez. Par exemple, vous pouvez simplement tracer en chantant (Pouvoir du Son). Vous pouvez tracer et écouter simplement mon chant dans les vidéos auxquelles vous avez accès. (Voir page xi.) Vous pouvez même vous contenter de pratiquer *seulement* avec le Pouvoir de la Calligraphie du Tao en la traçant après avoir fait le reste de la pratique. Une fois que vous aurez effectué l'invocation du Pouvoir de l'Âme, toutes les autres techniques du pouvoir sacré du Tao viendront soutenir la guérison et la transformation demandées, qu'elles soient appliquées seules ou ensemble.

Pratique de l'alternance yin-yang

J'aimerais vous faire part d'un autre secret sur l'application des six techniques sacrées du pouvoir du Tao. Nous vivons dans un monde yin-yang. Nous vivons entre le Ciel et la Terre-Mère. Le Ciel fait partie du yang. La Terre-Mère fait partie du yin.

Pour le Ciel, la Terre-Mère et l'être humain, le yin-yang est la loi et le principe spirituels primordiaux. Tout et tout le monde peut être divisé en aspects yin et yang. Les six techniques sacrées du pouvoir du Tao se divisent en aspects yin et yang.

La main posée sur le foie et l'autre sur le bas-ventre forment un couple yin-yang du Pouvoir du Corps.

Le chant *xu* à voix haute et le chant *xu* en silence forment un couple yin-yang du Pouvoir du Son.

La concentration de l'esprit sur le foie et la concentration sur le corps tout entier forment un couple yin-yang du Pouvoir du Mental.

L'invocation des âmes externes (la Source du Tao, la nature, les innombrables planètes, étoiles, galaxies et univers, le Divin, le Ciel, toutes sortes de saints et de bouddhas) et l'invocation des âmes internes (le shen qi jing du corps, des systèmes, des organes, des cellules, des espaces) pour bénir votre foie et votre corps forment un couple yin-yang du Pouvoir de l'Âme.

L'inspiration et l'expiration forment un couple yin-yang du Pouvoir de la Respiration.

Le chant et le tracé de la Calligraphie du Tao *Xu* pour bénir, guérir et régénérer le foie forment un couple yin-yang du Pouvoir de la Calligraphie du Tao.

Pourquoi la pratique de l'alternance yin-yang est-elle vitale et sacrée ? La réponse peut se résumer en une phrase :

La pratique de l'alternance yin-yang consiste à équilibrer le yin et le yang et à unir le yin et le yang afin d'apporter guérison et transformation.

Le Yin Yang est une loi universelle. Réunir le yin et le yang peut offrir la plus haute guérison et transformation.

Comment trouver d'autres Calligraphies du Tao pour pratiquer avec le Pouvoir de la Calligraphie du Tao

J'offre dans ce livre la Calligraphie du Tao *Xu*. Comme vous l'avez appris, Xu est le son sacré de la guérison et de la transformation de l'élément Bois, et cette Calligraphie du Tao a donc pour but premier de servir l'élément Bois en vous.

Dans ce cas, comment pratiquer avec le Pouvoir de la Calligraphie du Tao des pratiques expliquées dans le reste de ce chapitre (pour les quatre autres éléments) et de ce livre (pour le corps mental, le corps spirituel, les sept chakras énergétiques, les relations, les finances, et plus) ?

Tous mes livres qui ont été publiés depuis 2013 contiennent au moins une Calligraphie du Tao. Je vous recommande d'utiliser la Calligraphie du Tao *Da Ai* (le plus grand amour) de mon livre éponyme de 2017[14] ou la Calligraphie du Tao *Da Kuan Shu* (le plus grand pardon) dans mon livre éponyme de 2019.[15] Ces livres de poche, faciles à emporter avec vous, contiennent beaucoup d'autres pratiques qui peuvent vous être bénéfiques.

Vous pouvez aussi acheter des cartes plastifiées (10 x 15 cm ou plus petites) de plusieurs de mes Calligraphies du Tao, dont chacune des dix Da (les Dix

---

[14] Dr. and Master Zhi Gang Sha, Master Maya Mackie, and Master Francisco Quintero, *Greatest Love: Unblock Your Life in 30 Minutes a Day with the Power of Unconditional Love*, Dallas, TX/Richmond Hill, ON: BenBella Books/Heaven's Library Publication Corp., 2017.

[15] Dr. and Master Zhi Gang Sha, Master Cynthia Deveraux, and Master David Lusch, *Greatest Forgiveness: Bring Joy and Peace to Your Life with the Power of Unconditional Forgiveness*, Dallas, TX/Richmond Hill, ON: BenBella Books/Heaven's Library Publication Corp., 2019.

Plus Grandes Qualités) du Tao et *Xiang Ai Ping An He Xie* (Amour Paix Harmonie).

Si vous ne pouvez utiliser les options ci-dessus, vous pouvez tracer la reproduction de la Calligraphie du Tao *Da Ai* de la quatrième de couverture de ce livre.

Le meilleur moyen de pratiquer consiste à se rendre dans un des Centres du Tao de Maître Sha. Ils disposent des champs de guérison de la Calligraphie du Tao les plus puissants, créés par des Calligraphies du Tao originales, allant de trente à plus d'une centaine, permettant de traiter notamment toutes sortes d'organes, de parties du corps, de tissus corporels, de déséquilibres émotionnels, les dix qualités Da, les centres d'énergies, et d'autres parties importantes du corps. Début 2020, dix centres de ce type existent de par le monde. Ils sont situés à :

- Toronto, au Canada (Ontario)
- Honolulu, à Hawaï
- San Francisco, en Californie
- Vancouver, au Canada (Colombie britannique)
- Londres, en Angleterre
- Amersfoort, aux Pays-Bas
- Anvers, en Belgique
- Sydney, en Australie
- Bordeaux, en France
- Martinique

Joignez-vous à une séance guidée par un de mes grands-maîtres ou maîtres guérisseurs et enseignants du Tao Chang pour accéder aux systèmes d'information les plus élevés et les plus positifs des champs de guérison de la Calligraphie du Tao. De nombreux cours et séances de pratiques peuvent être effectués en ligne, à distance, pour que vous puissiez trouver des séances qui vous conviennent.

L'élément Feu

Appliquez les six techniques du pouvoir sacré pour guérir l'élément Feu, dont le cœur (l'organe zang de l'élément Feu), l'intestin grêle (l'organe fu de l'élément Feu), la langue (l'organe sensoriel), les vaisseaux sanguins (le tissu corporel), et la dépression et l'anxiété (les émotions en déséquilibre).

Pouvoir du Corps. Posez une main sur le cœur. Posez l'autre main sur le bas-ventre, sous le nombril.

Pouvoir de l'Âme. Dites *bonjour* aux âmes internes :

Chers âme, cœur, conscience, corps de mon cœur, de mon intestin grêle, de ma langue, de mes vaisseaux sanguins et du corps émotionnel de l'élément Feu,
Je vous aime, je vous honore et je vous apprécie.
Vous avez le pouvoir de guérir et de régénérer mon cœur, mon intestin grêle, ma langue et mes vaisseaux sanguins, ainsi que de transformer et prévenir la dépression et l'anxiété.
Faites un bon travail.
Merci.

Dites *bonjour* aux âmes externes :

Chère Source du Tao, cher Divin,
Chers bouddhas et saints (vous pouvez nommer les êtres célestes ou les pères et mères spirituels en qui vous croyez),
Cher Ciel, chère Terre-Mère, et chers planètes, étoiles, galaxies et univers innombrables,
Je vous aime, je vous honore et je vous apprécie.
Veuillez pardonner mes ancêtres et moi-même pour toutes les erreurs, liées au cœur, à l'intestin grêle, à la langue, aux vaisseaux sanguins, à la dépression et à l'anxiété, que nous avons commises, dans toutes nos vies.
Je suis sincèrement désolé de toutes ces erreurs.
Je demande pardon du plus profond de mon cœur à toutes les âmes que mes ancêtres et moi-même avons blessées de ces façons.
Afin de me faire pardonner, je vivrai une vie de service inconditionnel.
Le chant et la méditation sont des services.
Je chanterai et méditerai autant que je le pourrai.
J'offrirai un service inconditionnel autant que je le pourrai.
J'accorde un pardon inconditionnel à tous ceux qui ont blessé ou importuné mes ancêtres ou ma personne, dans toutes nos vies.
Je suis extrêmement reconnaissant.
Merci.

Pouvoir du Mental. Visualisez une lumière dorée rayonnant dans et autour du cœur.

Pouvoir de la Respiration. Inspirez et gonflez votre abdomen. Expirez et contractez votre abdomen. Inspirez et expirez avec douceur, régularité et naturel. Rappelez-vous que la durée et la profondeur de chaque inspiration et expiration dépendent de votre forme personnelle.

Pouvoir du Son. En chantant, nous combinons le Pouvoir du Son au Pouvoir de la Respiration et à une visualisation plus précise du Pouvoir du Mental.

Étape 1

a. Inspirez. Visualisez une lumière dorée partant de votre nez pour descendre au centre de votre corps jusqu'en bas du tronc, où elle se concentre en une boule, dans votre premier chakra énergétique (la première Maison de l'Âme).

b. Expirez. Chantez « Ah », le son sacré de l'élément Feu. Simultanément, visualisez la boule de lumière dorée se déplacer, en tournant, de la première Maison de l'Âme jusqu'au cœur, où elle explose et brille dans toutes les directions à partir du cœur.

c. Accomplissez les étapes 1a et 1b sept fois de suite.

Étape 2

a. Inspirez. Visualisez une lumière dorée partant de votre nez pour descendre au centre de votre corps jusqu'en bas du tronc, où elle se concentre en une boule, dans votre premier chakra énergétique (la première Maison de l'Âme).

b. Expirez. Chantez « Ah Ah Ah ». Simultanément, visualisez la boule de lumière dorée se déplacer, en tournant, de la première Maison de l'Âme jusqu'au cœur, où là, elle tourne sur elle-même, explose et brille dans toutes les directions.

c. Accomplissez les étapes 2a et 2b quatre fois de suite.

Étape 3

a. Inspirez. Même visualisation qu'aux étapes 1a et 2a.

b. Expirez. Chantez :

   Ah Ya (prononcer *ah ya*)
   Ah Ya Ah Ya You (prononcer *ah yah ah yah yō*)

Ah Ya Ah Ya You
Ah Ya Ah Ya Ah Ya You
Ah Ya Ah Ya Ah Ya Ah Ya You

Quand vous récitez ces cinq vers, inspirez rapidement à la fin de chacun d'eux et visualisez la boule de lumière dorée tourner comme suit :

Quand vous chantez le premier vers, la boule de lumière dorée effectue un petit cercle partant du premier chakra énergétique (Maison de l'Âme) jusqu'au cœur, puis jusqu'au Kun Gong, et revenant au chakra racine (première Maison de l'Âme).

Quand vous chantez les vers 2 à 5, la boule de lumière dorée effectue un petit cercle partant du premier chakra énergétique (Maison de l'Âme) jusqu'au cœur, puis jusqu'au Kun Gong, et revenant au chakra racine (première Maison de l'Âme). Quand vous chantez « You » dans ces vers, visualisez la boule de lumière dorée tracer un grand cercle. La boule entre dans la colonne vertébrale par un trou invisible devant le coccyx, puis monte le long de la colonne jusqu'à la zone occipitale, entre dans le cerveau et le traverse pour arriver au chakra couronne (septième Maison de l'Âme) au-dessus de votre tête. À partir de là, elle redescend dans votre fosse nasale jusqu'au palais, puis traverse les cinquième, quatrième, troisième et deuxième chakras (Maisons de l'Âme) pour revenir au chakra racine (première Maison de l'Âme). Voir illustration 14, page 90.

c. Accomplissez les étapes 3a et 3b quatre fois de suite.

Vous pouvez chanter intérieurement ou à voix haute. Le mieux est de faire à la fois le chant yang et le chant yin chaque fois que vous pratiquez.

Pouvoir de la Calligraphie du Tao. Tracez *Da Ai,* le plus grand amour, ou *Da Kuan Shu,* le plus grand pardon. (Voir « Comment trouver d'autres Calligraphies du Tao pour pratiquer avec le Pouvoir de la Calligraphie du Tao » page 61.)

Quand vous tracez la calligraphie, le traçage devient votre Pouvoir du Corps. Ne vous souciez pas d'essayer de mettre en pratique d'autres techniques du pouvoir sacré du Tao tout en traçant la calligraphie. Détendez-vous et contentez-vous de faire ce qui vous vient naturellement. Une fois que vous aurez effectué l'invocation du Pouvoir de l'Âme, toutes les autres techniques du pouvoir sacré du Tao viendront soutenir la guérison et la transformation demandées, qu'elles soient appliquées seules ou ensemble.

Conclusion. Terminez votre séance de pratique en disant :

Hao. Hao. Hao.
Merci. Merci. Merci.

L'élément Terre

Mettez en pratique les six techniques du pouvoir sacré pour guérir l'élément Terre, qui comprend la rate (l'organe zang de l'élément Terre), l'estomac (l'organe fu de l'élément Terre), la bouche, les lèvres, les dents et les gencives (les organes sensoriels), les muscles (les tissus corporels) et l'inquiétude (l'émotion en déséquilibre).

Pouvoir du Corps. Posez une main sur la rate. Posez l'autre main sur le bas-ventre, sous le nombril.

Pouvoir de l'Âme. Dites *bonjour* aux âmes internes :

Chers âme, cœur, conscience, corps de ma rate, de mon estomac, de ma bouche, de mes lèvres, de mes dents, de mes gencives, de mes muscles et du corps émotionnel de l'élément Terre,
Je vous aime, je vous honore et je vous apprécie.
Vous avez le pouvoir de guérir et de régénérer ma rate, mon estomac, ma bouche, mes lèvres, mes dents, mes gencives et mes muscles, et de transformer et prévenir l'inquiétude.
Faites un bon travail.
Merci.

Dites *bonjour* aux âmes externes :

Chère Source du Tao, cher Divin,
Chers bouddhas et saints (vous pouvez nommer les êtres célestes ou les pères et mères spirituels en qui vous croyez),
Cher Ciel, chère Terre-Mère, et chers planètes, étoiles, galaxies et univers innombrables,
Je vous aime, je vous honore et je vous apprécie.

Veuillez pardonner mes ancêtres et moi-même pour toutes les erreurs, liées à la rate, à l'estomac, à la bouche, aux lèvres, aux dents, aux gencives, aux muscles et à l'inquiétude, que nous avons commises dans toutes nos vies.
Je suis sincèrement désolé de toutes ces erreurs.
Je demande pardon du plus profond de mon cœur à toutes les âmes que mes ancêtres et moi-même avons blessées de ces façons.
Afin de me faire pardonner, je vivrai une vie de service inconditionnel.
Le chant et la méditation sont des services.
Je chanterai et méditerai autant que je le pourrai.
J'offrirai un service inconditionnel autant que je le pourrai.
J'accorde un pardon inconditionnel à tous ceux qui ont blessé ou importuné mes ancêtres ou ma personne, dans toutes nos vies.
Je suis extrêmement reconnaissant.
Merci.

Pouvoir du Mental. Visualisez une lumière dorée rayonnant dans et autour de la rate.

Pouvoir de la Respiration. Inspirez et gonflez votre abdomen. Expirez et contractez votre abdomen. Assurez-vous d'inspirer et d'expirer avec douceur, régularité et naturel. Rappelez-vous que la durée et la profondeur de chaque inspiration et expiration dépendent de votre forme personnelle.

Pouvoir du Son. En chantant, nous combinons le Pouvoir du Son au Pouvoir de la Respiration et à une visualisation plus précise du Pouvoir du Mental.

Étape 1

a. Inspirez. Visualisez une lumière dorée partant de votre nez pour descendre au centre de votre corps jusqu'en bas du tronc, où elle se concentre en une boule, dans votre premier chakra énergétique (la première Maison de l'Âme).

b. Expirez. Chantez « Hu » (prononcer *hoo*), le son sacré de l'élément Terre. Simultanément, visualisez la boule de lumière dorée se déplacer, en tournant, de la première Maison de l'Âme jusqu'à la rate, où elle explose et brille dans toutes les directions à partir de la rate.

c. Accomplissez les étapes 1a et 1b sept fois de suite.

Étape 2

a. Inspirez. Visualisez une lumière dorée partant de votre nez pour descendre au centre de votre corps jusqu'en bas du tronc, où elle se concentre en une boule, dans votre premier chakra énergétique (la première Maison de l'Âme).

b. Expirez. Chantez « Hu Hu Hu ». Simultanément, visualisez la boule de lumière dorée se déplacer, en tournant, de la première Maison de l'Âme jusqu'au cœur, où là, elle tourne sur elle-même, explose et brille dans toutes les directions.

c. Accomplissez les étapes 2a et 2b quatre fois de suite.

Étape 3

a. Inspirez. Même visualisation qu'aux étapes 1a et 2a.

b. Expirez. Chantez :

   Hu Ya (prononcer *hoo ya)*
   Hu Ya Hu Ya You (prononcer *hoo yah hoo yah yō*)
   Hu Ya Hu Ya You
   Hu Ya Hu Ya Hu Ya You
   Hu Ya Hu Ya Hu Ya Hu Ya You

   Quand vous récitez ces cinq vers, inspirez rapidement à la fin de chacun d'eux et visualisez la boule de lumière dorée tourner comme suit :

   Quand vous chantez le premier vers, la boule de lumière dorée effectue un petit cercle partant du premier chakra énergétique (Maison de l'Âme) jusqu'à la rate, puis jusqu'au Kun Gong, et revenant au chakra racine (première Maison de l'Âme).

   Quand vous chantez les vers 2 à 5, la boule de lumière dorée effectue un petit cercle partant du premier chakra énergétique (Maison de l'Âme) jusqu'à la rate, puis jusqu'au Kun Gong, et revenant au chakra racine (première Maison de l'Âme). Quand vous chantez « You » dans ces vers, visualisez la boule de lumière dorée tracer un grand cercle. La boule entre dans la colonne vertébrale par un trou invisible devant le coccyx, puis monte le long de la colonne jusqu'à la zone occipitale, entre dans le cerveau et le traverse pour arriver au chakra couronne (septième Maison de l'Âme) au-dessus de votre tête. À partir de là, elle redescend dans votre fosse nasale jusqu'au palais, puis traverse les cinquième, quatrième, troisième et deuxième chakras (Maisons de l'Âme) pour revenir au chakra racine (première Maison de l'Âme). Voir illustration 14, page 90.

c. Accomplissez les étapes 3a et 3b quatre fois de suite.

Vous pouvez chanter intérieurement ou à voix haute. Le mieux est de faire à la fois le chant yang et le chant yin chaque fois que vous pratiquez.

Pouvoir de la Calligraphie du Tao. Tracez *Da Ai,* le plus grand amour, ou *Da Kuan Shu,* le plus grand pardon. (Voir « Comment trouver d'autres Calligraphies du Tao pour pratiquer avec le Pouvoir de la Calligraphie du Tao » page 61.)

Quand vous tracez la calligraphie, le traçage devient votre Pouvoir du Corps. Vous pouvez associer le traçage de la calligraphie au Pouvoir du Mental, au Pouvoir du Son et/ou au Pouvoir de la Respiration, ou vous contenter de vous concentrer sur la Calligraphie.

Conclusion. Terminez votre séance de pratique en disant :

Hao. Hao. Hao.
Merci. Merci. Merci.

L'élément Métal

Mettez en pratique les six techniques du pouvoir sacré pour guérir l'élément Métal, dont les poumons (l'organe zang de l'élément Feu), le gros intestin (l'organe fu de l'élément Feu), le nez (l'organe sensoriel), la peau (le tissu corporel), et l'inquiétude (les émotions en déséquilibre).

Pouvoir du Corps. Posez une main sur un poumon. Posez l'autre main sur le bas-ventre, sous le nombril. Vous pouvez alterner les mains et les poumons pendant la pratique.

Pouvoir de l'Âme. Dites *bonjour* aux âmes internes :

Chers âme, cœur, conscience, corps de mes poumons, de mon gros intestin, de mon nez, de ma peau et du corps émotionnel de l'élément Métal,
Je vous aime, je vous honore et je vous apprécie.

Vous avez le pouvoir de guérir et de régénérer mes poumons, mon gros intestin, mon nez et ma peau, et de transformer et prévenir la tristesse et le chagrin.
Faites du bon travail.
Merci.

Dites *bonjour* aux âmes externes :

Chère Source du Tao, cher Divin,
Chers bouddhas et saints (vous pouvez nommer les êtres célestes ou les pères et mères spirituels en qui vous croyez),
Cher Ciel, chère Terre-Mère, et chers planètes, étoiles, galaxies et univers innombrables,
Je vous aime, je vous honore et je vous apprécie.
Veuillez pardonner mes ancêtres et moi-même pour toutes les erreurs, liées aux poumons, au gros intestin, au nez, à la peau, à la tristesse et au chagrin, que nous avons commises dans toutes nos vies.
Je suis sincèrement désolé de toutes ces erreurs.
Je demande pardon du plus profond de mon cœur à toutes les âmes que mes ancêtres et moi-même avons blessées de ces façons.
Afin de me faire pardonner, je vivrai une vie de service inconditionnel.
Le chant et la méditation sont des services.
Je chanterai et méditerai autant que je le pourrai.
J'offrirai un service inconditionnel autant que je le pourrai.
J'accorde un pardon inconditionnel à tous ceux qui ont blessé ou importuné mes ancêtres ou ma personne, dans toutes nos vies.
Je suis extrêmement reconnaissant.
Merci.

Pouvoir du Mental. Visualisez une lumière dorée rayonnant dans les poumons et autour.

Pouvoir de la Respiration. Inspirez et gonflez votre abdomen. Expirez et contractez votre abdomen. Assurez-vous d'inspirer et d'expirer avec douceur, régularité et naturel. Rappelez-vous que la durée et la profondeur de chaque inspiration et expiration dépendent de votre forme personnelle.

Pouvoir du Son. En chantant, nous combinons le Pouvoir du Son au Pouvoir de la Respiration et à une visualisation plus précise du Pouvoir du Mental.

Étape 1

a. Inspirez. Visualisez une lumière dorée partant de votre nez pour descendre au centre de votre corps jusqu'en bas du tronc, où elle se concentre en une boule, dans votre premier chakra énergétique (la première Maison de l'Âme).

b. Expirez. Chantez « Si » (prononcer *sz*), le son sacré de l'élément Métal. Simultanément, visualisez la boule de lumière dorée se déplacer, en tournant, de la première Maison de l'Âme jusqu'aux poumons, où elle explose et brille dans toutes les directions à partir des poumons.

c. Accomplissez les étapes 1a et 1b sept fois de suite.

Étape 2

a. Inspirez. Visualisez une lumière dorée partant de votre nez pour descendre au centre de votre corps jusqu'en bas du tronc, où elle se concentre en une boule, dans votre premier chakra énergétique (la première Maison de l'Âme).

b. Expirez. Chantez « Si Si Si ». Simultanément, visualisez la boule de lumière dorée se déplacer, en roulant, de la première Maison de l'Âme jusqu'aux poumons, où là, elle tourne sur elle-même, explose et brille dans toutes les directions.

c. Accomplissez les étapes 2a et 2b quatre fois de suite.

Étape 3

a. Inspirez. Même visualisation qu'aux étapes 1a et 2a.

b. Expirez. Chantez :

Si Ya (prononcer *sz ya*)
Si Ya Si Ya You (prononcer *sz yah sz yah yō*)
Si Ya Si Ya You
Si Ya Si Ya Si Ya You
Si Ya Si Ya Si Ya Si Ya You

Quand vous récitez ces cinq vers, inspirez rapidement à la fin de chacun d'eux et visualisez la boule de lumière dorée tourner comme suit :

Quand vous chantez le premier vers, la boule de lumière dorée effectue un petit cercle partant du premier chakra (Maison de l'Âme) jusqu'aux poumons, puis jusqu'au Kun Gong, et revenant au chakra racine (première Maison de l'Âme).

Quand vous chantez les vers 2 à 5, la boule de lumière dorée effectue un petit cercle partant du premier chakra (Maison de l'Âme) jusqu'aux poumons, puis jusqu'au Kun Gong, et revenant au chakra racine (première Maison de l'Âme). Quand vous chantez « You » dans ces vers, visualisez la boule de lumière dorée tracer un grand cercle. La boule entre dans la colonne vertébrale par un trou invisible devant le coccyx, puis monte le long de la colonne jusqu'à la zone occipitale, entre dans le cerveau et le traverse pour arriver au chakra couronne (septième Maison de l'Âme) au-dessus de votre tête. À partir de là, elle redescend dans votre fosse nasale jusqu'au palais, puis traverse les cinquième, quatrième, troisième et deuxième chakras (Maisons de l'Âme) pour revenir au chakra racine (première Maison de l'Âme). Voir illustration 14, page 90.

c. Accomplissez les étapes 3a et 3b quatre fois de suite.

Vous pouvez chanter intérieurement ou à voix haute. Le mieux est de faire à la fois le chant yang et le chant yin chaque fois que vous pratiquez.

Pouvoir de la Calligraphie du Tao. Tracez *Da Ai,* le plus grand amour, ou *Da Kuan Shu,* le plus grand pardon. (Voir « Comment trouver d'autres Calligraphies du Tao pour pratiquer avec le Pouvoir de la Calligraphie du Tao » page 61.)

Quand vous tracez la calligraphie, le traçage devient votre Pouvoir du Corps. Vous pouvez associer le traçage de la calligraphie au Pouvoir du Mental, au Pouvoir du Son et/ou au Pouvoir de la Respiration, ou vous contenter de vous concentrer sur la Calligraphie.

Conclusion. Terminez votre séance de pratique en disant :

Hao. Hao. Hao.
Merci. Merci. Merci.

L'élément Eau

Mettez en pratique les six techniques sacrées du pouvoir du Tao pour guérir l'élément Eau, qui inclut les reins (l'organe zang de l'élément Eau), la vessie (l'organe fu de l'élément Eau), les oreilles (l'organe sensoriel), les os et les articulations (les tissus corporels) et la peur (l'émotion déséquilibrée).

Pouvoir du Corps. Posez une main sur un rein. Posez l'autre main sur le bas-ventre, sous le nombril. Si vos mains ou vos bras se fatiguent, ou même si ce n'est pas le cas, vous pouvez alterner les mains et les reins au cours de la pratique.

Pouvoir de l'Âme. Dites *bonjour* aux âmes internes :

> *Chers âme, cœur, conscience, corps de mes reins, de ma vessie, de mes oreilles, de mes os et du corps émotionnel de l'élément Eau,*
> *Je vous aime, je vous honore et je vous apprécie.*
> *Vous avez le pouvoir de guérir et de régénérer mes reins, ma vessie, mes oreilles, mes os et mes articulations, et de transformer et prévenir la peur.*
> *Faites un bon travail.*
> *Merci.*

Dites *bonjour* aux âmes externes :

> *Chère Source du Tao, cher Divin,*
> *Chers bouddhas et saints* (vous pouvez nommer les êtres célestes ou les pères et mères spirituels en qui vous croyez),
> *Cher Ciel, chère Terre-Mère, et chers planètes, étoiles, galaxies et univers innombrables,*
> *Je vous aime, je vous honore et je vous apprécie.*
> *Veuillez pardonner mes ancêtres et moi-même pour toutes les erreurs, liées aux reins, à la vessie, aux oreilles, aux os, aux articulations et à la peur, que nous avons commises dans toutes nos vies.*
> *Je suis sincèrement désolé de toutes ces erreurs.*
> *Je demande pardon du plus profond de mon cœur à toutes les âmes que mes ancêtres et moi-même avons blessées de ces façons.*
> *Afin de me faire pardonner, je vivrai une vie de service inconditionnel.*
> *Le chant et la méditation sont des services.*
> *Je chanterai et méditerai autant que je le pourrai.*
> *J'offrirai un service inconditionnel autant que je le pourrai.*
> *J'accorde un pardon inconditionnel à tous ceux qui ont blessé ou importuné mes ancêtres ou ma personne, dans toutes nos vies.*
> *Je suis extrêmement reconnaissant.*
> *Merci.*

Pouvoir du Mental. Visualisez une lumière dorée rayonnant dans et autour des reins.

Pouvoir de la Respiration. Inspirez et gonflez votre abdomen. Expirez et contractez votre abdomen. Assurez-vous d'inspirer et d'expirer avec douceur, régularité et naturel. Rappelez-vous que la durée et la profondeur de chaque inspiration et expiration dépendent de votre forme personnelle.

Pouvoir du Son. En chantant, nous combinons le Pouvoir du Son au Pouvoir de la Respiration et à une visualisation plus précise du Pouvoir du Mental.

Étape 1

a. Inspirez. Visualisez une lumière dorée partant de votre nez pour descendre au centre de votre corps jusqu'en bas du tronc, où elle se concentre en une boule, dans votre premier chakra énergétique (la première Maison de l'Âme).

b. Expirez. Chantez « Chui » (prononcer *chouey*), le son sacré de l'élément Eau. Simultanément, visualisez la boule de lumière dorée se déplacer, en tournant, de la première Maison de l'Âme jusqu'aux reins, où elle explose et brille dans toutes les directions à partir des reins.

c. Accomplissez les étapes 1a et 1b sept fois de suite.

Étape 2

a. Inspirez. Visualisez une lumière dorée partant de votre nez pour descendre au centre de votre corps jusqu'en bas du tronc, où elle se concentre en une boule, dans votre premier chakra énergétique (la première Maison de l'Âme).

b. Expirez. Chantez « Chui Chui Chui. » Simultanément, visualisez la boule de lumière dorée se déplacer, en tournant, de la première Maison de l'Âme jusqu'aux reins, où là, elle tourne sur elle-même, explose et brille dans toutes les directions.

c. Accomplissez les étapes 2a et 2b quatre fois de suite.

Étape 3

a. Inspirez. Même visualisation qu'aux étapes 1a et 2a.

b. Expirez. Chantez :

Chui Ya (prononcer *chouey yah*)
Chui Ya Chui Ya You (prononcer *chouey yah chouey yah yō*)
Chui Ya Chui Ya You
Chui Ya Chui Ya Chui Ya You
Chui Ya Chui Ya Chui Ya Chui Ya You

Quand vous récitez ces cinq vers, inspirez rapidement à la fin de chacun d'eux et visualisez la boule de lumière dorée tourner comme suit :

Quand vous chantez le premier vers, la boule de lumière dorée effectue un petit cercle partant du premier chakra (Maison de l'Âme) jusqu'aux reins, puis jusqu'au Kun Gong, et revenant au chakra racine (première Maison de l'Âme).

Quand vous chantez les vers 2 à 5, la boule de lumière dorée effectue un petit cercle partant du premier chakra (Maison de l'Âme) jusqu'aux reins, puis jusqu'au Kun Gong, et revenant au chakra racine (première Maison de l'Âme). Quand vous chantez « You » dans ces vers, visualisez la boule de lumière dorée tracer un grand cercle. La boule entre dans la colonne vertébrale par un trou invisible devant le coccyx, puis monte le long de la colonne jusqu'à la zone occipitale, entre dans le cerveau et le traverse pour arriver au chakra couronne (septième Maison de l'Âme) au-dessus de votre tête. À partir de là, elle redescend dans votre fosse nasale jusqu'au palais, puis traverse les cinquième, quatrième, troisième et deuxième chakras (Maisons de l'Âme) pour revenir au chakra racine (première Maison de l'Âme). Voir illustration 14, page 90.

c. Accomplissez les étapes 3a et 3b quatre fois de suite.

Vous pouvez chanter intérieurement ou à voix haute. Le mieux est de faire à la fois le chant yang et le chant yin chaque fois que vous pratiquez.

Pouvoir de la Calligraphie du Tao. Tracez *Da Ai*, le plus grand amour, ou *Da Kuan Shu*, le plus grand pardon. (Voir « Comment trouver d'autres Calligraphies du Tao pour pratiquer avec le Pouvoir de la Calligraphie du Tao » page 61.)

Quand vous tracez la calligraphie, le traçage devient votre Pouvoir du Corps. Vous pouvez associer le traçage de la calligraphie au Pouvoir du Mental, au Pouvoir du Son et/ou au Pouvoir de la Respiration, ou vous contenter de vous concentrer sur la Calligraphie.

Conclusion. Terminez votre séance de pratique en disant :

Hao. Hao. Hao.
Merci. Merci. Merci.

ꕤ ꕤ ꕤ

La guérison et la transformation des Cinq Éléments fait partie des pratiques-clés pour la santé, les relations et les finances. Dans ce chapitre, nous avons appliqué les six techniques sacrées du pouvoir du Tao pour guérir et transformer les corps physique et émotionnel. Mettons à présent en pratique les six techniques sacrées du pouvoir du Tao pour guérir le corps mental.

Mettre en pratique les Six Techniques Sacrées du Pouvoir du Tao pour Guérir le Corps Mental

LE CORPS MENTAL EST la conscience d'un être humain, d'un animal ou de quoi que ce soit d'autre. Le mental est la conscience. Tout et tout le monde est composé de shen qi jing. En d'autres termes, tout et tout le monde est doté d'une âme, d'un cœur (le cœur spirituel), d'un mental (une conscience) et d'un corps (de l'énergie et de la matière). Les blocages dans le mental ou la conscience sont des blocages majeurs liés à tous les aspects de la vie.

J'insiste à nouveau sur le fait que certains des blocages mentaux les plus importants, qui sont des informations ou messages négatifs du mental, sont des états d'esprit négatifs, des attitudes négatives, des croyances négatives, de l'ego, des attachements, etc.

De nombreuses affections mentales ont aussi besoin de guérison et de transformation. Cela inclut la confusion mentale, les problèmes de concentration, la perte de mémoire, les troubles de l'attention, les troubles alimentaires, les troubles obsessionnels et compulsifs, la maladie d'Alzheimer, la bipolarité et d'autres troubles mentaux sévères.

Je vais partager un autre secret important : pour guérir et équilibrer le corps mental, la clé est le chakra du cœur ou quatrième Maison de l'Âme, que j'appelle aussi le « Centre des Messages ».

Le Centre des Messages fait partie des centres spirituels et énergétiques les plus importants d'un être humain. C'est le centre de guérison et de communication de l'âme. Le Centre des Messages et le cœur guident la conscience. Guérir et transformer le Centre des Messages, c'est transformer la conscience, y compris les émotions, les états d'esprit négatifs, les attitudes négatives, les croyances négatives, l'ego, les attachements, et tous les autres types de blocages et de troubles mentaux.

Mettons en pratique les six techniques sacrées du pouvoir du Tao pour guérir et transformer le corps mental en guérissant et en transformant le Centre des Messages.

Pour guérir et transformer le corps mental, nous pratiquerons avec la quatrième des dix qualités Da du Tao, Da Guang Ming, la plus grande lumière. J'insiste sur le pouvoir et la signification de Da Guang Ming, qui sont évoqués dans le chapitre deux, avec les quatre lignes du mantra sacré de la Source du Tao Da Guang Ming :

La quatrième des dix qualités Da du Tao est la plus grande lumière et transparence.
Je suis dans la lumière de la Source du Tao.
La lumière de la Source du Tao est en moi.
Tout le corps n'est que lumière et transparence.

Pouvoir du Corps. Posez une main sur le Centre des Messages (le chakra du cœur, la quatrième Maison de l'Âme), qui est au centre de votre poitrine, à côté du cœur. Voir illustration 14, page 90. Posez l'autre main sur la tête.

Pouvoir de l'Âme. Dites *bonjour* aux âmes internes :

> *Chers âme, cœur, conscience, corps de mon Centre des Messages,*
> *Chers âme, cœur, conscience, corps de mon mental,*
> *Je vous aime, je vous honore et je vous apprécie.*
> *Vous avez le pouvoir de guérir et de transformer mon cœur et mon mental.*
> *Faites un bon travail.*
> *Merci.*

Dites *bonjour* aux âmes externes :

> *Chère Source du Tao, cher Divin,*
> *Chers bouddhas, chers saints* (vous pouvez nommer les saints en qui vous croyez),

Cher Ciel, chère Terre-Mère, et chers planètes, étoiles, galaxies et univers innombrables,
Je vous aime, je vous honore et je vous apprécie.
Veuillez pardonner mes ancêtres et moi-même pour toutes les erreurs, liées à la conscience ou au corps mental, que nous avons commises dans toutes nos vies.
Je suis sincèrement désolé de toutes ces erreurs.
Je demande pardon du plus profond de mon cœur à toutes les âmes que mes ancêtres et moi-même avons blessées ou importunées en provoquant des blocages ou des troubles mentaux.
Afin de me faire pardonner, je vivrai une vie de service inconditionnel.
Le chant et la méditation sont des services.
Je chanterai et méditerai autant que je le pourrai.
J'offrirai un service inconditionnel autant que je le pourrai.
J'accorde un pardon inconditionnel à tous ceux qui ont blessé ou importuné mes ancêtres ou ma personne, dans toutes nos vies.
Je suis extrêmement reconnaissant.
Merci.

Pouvoir du Mental. Visualisez une lumière dorée rayonnant dans et autour du Centre des Messages et du cerveau.

Pouvoir de la Respiration. Inspirez et gonflez votre abdomen. Expirez et contractez votre abdomen. Assurez-vous d'inspirer et d'expirer avec douceur, régularité et naturel. Rappelez-vous que la durée et la profondeur de chaque inspiration et expiration dépendent de votre forme personnelle. Faites ce qui est naturel.

Pouvoir du Son. En chantant, nous combinons le Pouvoir du Son au Pouvoir de la Respiration et à une visualisation plus précise du Pouvoir du Mental. Regardez la vidéo avec mon chant qui a été créé pour vous, pour cette pratique et toutes les pratiques essentielles de ce livre.

Étape 1

a. Inspirez. Visualisez une lumière dorée partant de votre nez pour descendre au centre de votre corps jusqu'en bas du tronc, où elle se concentre en une boule, dans votre premier chakra énergétique (la première Maison de l'Âme).

b. Expirez. Chantez « Guang Ming » (prononcer *gouangue miingue*). Simultanément, visualisez la boule de lumière dorée se déplacer, en tournant, de la première Maison de l'Âme jusqu'au Centre des Messages, où elle explose et brille dans toutes les directions à partir du Centre des Messages.

c. Accomplissez les étapes 1a et 1b sept fois de suite.

Étape 2

a. Inspirez. Visualisez une lumière dorée partant de votre nez pour descendre au centre de votre corps jusqu'en bas du tronc, où elle se concentre en une boule, dans votre premier chakra énergétique (la première Maison de l'Âme).

b. Expirez. Chantez « Guang Ming Guang Ming Guang Ming ». Simultanément, visualisez la boule de lumière dorée se déplacer, en tournant, de la première Maison de l'Âme jusqu'au Centre des Messages, où là, elle tourne sur elle-même, explose et brille dans toutes les directions.

c. Accomplissez les étapes 2a et 2b quatre fois de suite.

Étape 3

a. Inspirez. Même visualisation qu'aux étapes 1a et 2a.

b. Expirez. Chantez :

   Guang Ming (prononcer *gouangue miingue*)
   Guang Ming Guang Ming Guang Ming
   Guang Ming Guang Ming Guang Ming
   Guang Ming Guang Ming Guang Ming
   Guang Ming Guang Ming Guang Ming Guang Ming

   Quand vous récitez ces cinq vers, inspirez rapidement à la fin de chacun d'eux et visualisez la boule de lumière dorée tourner comme suit :

   Quand vous chantez le premier vers, la boule de lumière dorée effectue un va-et-vient partant de la première Maison de l'Âme jusqu'au Centre des Messages, redescendant pour traverser le Kun Gong, et revenant à la première Maison de l'Âme.

   Quand vous chantez les vers 2 à 5, la boule de lumière dorée effectue un va-et-vient partant de la première Maison de l'Âme jusqu'au Centre des Messages, redescendant pour traverser le Kun Gong, et revenant à la première Maison de l'Âme. . Ensuite, la boule de lumière dorée trace un grand cercle. Elle monte de la première Maison de l'Âme pour entrer dans la colonne vertébrale par un trou invisible devant le coccyx, puis monte le long de la colonne jusqu'à la zone occipitale, puis entre dans le cerveau et le traverse pour arriver au chakra couronne (septième Maison de l'Âme) au-dessus de votre tête. À partir de là, elle redescend dans votre fosse nasale jusqu'au palais, puis traverse les cinquième, quatrième, troisième et deuxième chakras (Maisons de l'Âme) pour revenir au chakra racine (première Maison de l'Âme). Voir illustration 14, page 90.

c. Accomplissez les étapes 3a et 3b quatre fois de suite.

Vous pouvez chanter intérieurement ou à voix haute. Le mieux est de faire à la fois le chant yang et le chant yin chaque fois que vous pratiquez.

Pouvoir de la Calligraphie du Tao. Tracez *Da Ai,* le plus grand amour, ou *Da Kuan Shu,* le plus grand pardon. (Voir « Comment trouver d'autres Calligraphies du Tao pour pratiquer avec le Pouvoir de la Calligraphie du Tao » page 61.)

Quand vous tracez la calligraphie, le traçage devient votre Pouvoir du Corps. Vous pouvez associer le traçage de la calligraphie au Pouvoir du Mental, au Pouvoir du Son et/ou au Pouvoir de la Respiration, ou vous contenter de vous concentrer sur la Calligraphie.

Conclusion. Terminez votre séance de pratique en disant :

Hao. Hao. Hao.
Merci. Merci. Merci.

ꕥ ꕥ ꕥ

Nous avons appliqué les six techniques sacrées du pouvoir du Tao pour guérir et transformer le corps mental avec Da Guang Ming, la plus grande lumière. Da Guang Ming est la quatrième des dix Da. Vous pouvez vous servir de n'importe laquelle des dix autres qualités Da de la même façon pour transformer le corps mental.

Il y a beaucoup de troubles du mental ou de la conscience. La sagesse et les techniques sacrées que j'ai partagées dans ce chapitre peuvent être appliquées pour les guérir et les transformer toutes.

Pratiquez. Pratiquez. Pratiquez.

Vivez la transformation.

Mettre en pratique les Six Techniques Sacrées du Pouvoir du Tao pour Guérir le Corps Spirituel

UN ÊTRE HUMAIN est doté d'innombrables âmes. Un être humain est doté d'une âme du corps physique et des âmes de tous les systèmes du corps, de tous les organes, de toutes les cellules, des unités cellulaires, de l'ADN, de l'ARN, des espaces entre les cellules, de la matière minuscule à l'intérieur des cellules, et plus encore.

Les âmes se réincarnent vie après vie. Les âmes portent la sagesse, la connaissance et la mémoire des expériences de toutes les vies vécues. Les âmes portent aussi en elles les blocages de toutes les vies. La mise en pratique des six techniques sacrées du pouvoir du Tao pour la guérison du corps spirituel est la clé du soulagement de toutes les maladies.

Pourquoi ? L'âme est le maître. Rappelez-vous les quatre phrases sacrées de la Loi du Shen Qi Jing :

靈到心到	ling dao xin dao	L'âme arrive, le cœur suit.
心到意到	xin dao yi dao	Le cœur arrive, la conscience suit.
意到氣到	yi dao qi dao	La conscience arrive, l'énergie suit.
氣到血到	qi dao xue dao	L'énergie arrive, la matière suit.

Notre âme bien-aimée est le réservoir de toutes les informations, le contenu de tous les messages de nos corps physique, émotionnel, mental et spirituel ainsi que de nos relations, de nos finances, et plus encore, dans toutes nos vies. Les informations ou messages de l'âme, qui sont des blocages provenant de toutes les vies, sont transmis au cœur, à la conscience et au corps. Cela peut entraîner toutes sortes de blocages, de problèmes et de négativité dans le cœur, dans la conscience et dans le corps. On n'insistera donc jamais assez sur l'importance de guérir le corps spirituel.

Commencez par guérir et transformer l'âme ; la guérison et la transformation de tous les autres aspects de la vie suivront.

Cette clé sacrée de la guérison peut aussi être exprimée ainsi :

Commencez par guérir et transformer le corps spirituel ; la guérison et la transformation des corps mental, émotionnel et physique suivront.

Mettez en pratique les six techniques sacrées du pouvoir du Tao pour guérir et transformer le corps spirituel. Dans le chapitre deux, j'ai partagé les dix plus grandes qualités de la Source du Tao, du Ciel, de la Terre-Mère et d'un être humain.

Pratiquons Da Ai, le plus grand amour, pour guérir et transformer le corps spirituel. J'insiste sur le pouvoir et la signification de Da Ai avec les quatre lignes du mantra sacré que j'ai partagé dans le chapitre deux :

Donnez d'abord le plus grand amour, la première des dix qualités Da du Tao.
L'amour inconditionnel
Dissout tous les blocages.
Le cœur est pur ; l'âme, le cœur et la conscience sont illuminés.

Pouvoir du Corps. Posez une main sur le cœur. La sagesse ancienne enseigne que le cœur abrite la conscience et l'âme. Posez l'autre main sur le bas-ventre, sous le nombril.

Pouvoir de l'Âme. Dites *bonjour* aux âmes internes :

> *Chers âme, cœur, conscience, corps de mon corps spirituel,*
> *Je vous aime, je vous honore et je vous apprécie.*
> *Vous avez le pouvoir de vous guérir et de vous transformer.*
> *Faites un bon travail.*
> *Merci.*

Dites *bonjour* aux âmes externes :

Chère Source du Tao, cher Divin,
Chers bouddhas, chers saints (vous pouvez nommer les saints en qui vous croyez),
Cher Ciel, chère Terre-Mère, et chers planètes, étoiles, galaxies et univers innombrables,
Je vous aime, je vous honore et je vous apprécie.
Veuillez pardonner mes ancêtres et moi-même pour toutes les erreurs, liées au chemin spirituel et au corps spirituel, que nous avons commises dans toutes nos vies.
Je suis sincèrement désolé de toutes ces erreurs.
Je demande pardon du plus profond de mon cœur à toutes les âmes que mes ancêtres et moi-même avons blessées ou importunées en provoquant des obstacles sur leur chemin spirituel ou des blocages dans leur corps spirituel.
Afin de me faire pardonner, je vivrai une vie de service inconditionnel.
Le chant et la méditation sont des services.
Je chanterai et méditerai autant que je le pourrai.
J'offrirai un service inconditionnel autant que je le pourrai.
J'accorde un pardon inconditionnel à tous ceux qui ont blessé ou importuné mes ancêtres ou ma personne, dans toutes nos vies.
Je suis extrêmement reconnaissant.
Merci.

Pouvoir du Mental. Visualisez une lumière dorée rayonnant dans et autour du cœur, et à travers tout le corps.

Pouvoir de la Respiration. Inspirez et gonflez votre abdomen. Expirez et contractez votre abdomen. Assurez-vous d'inspirer et d'expirer avec douceur, régularité et naturel. Rappelez-vous que la durée et la profondeur de chaque inspiration et expiration dépendent de votre forme personnelle.

Pouvoir du Son. En chantant, nous combinons le Pouvoir du Son au Pouvoir de la Respiration et à une visualisation plus précise du Pouvoir du Mental. Regardez la vidéo avec mon chant qui a été créé pour vous, pour cette pratique et toutes les pratiques essentielles de ce livre.

Étape 1

a. Inspirez. Visualisez une lumière dorée partant de votre nez pour descendre au centre de votre corps jusqu'en bas du tronc, où elle se concentre en une boule, dans votre premier chakra énergétique (la première Maison de l'Âme).

b. Expirez. Chantez « Da Ai » (prononcer *dah aïe*). Simultanément, visualisez la boule de lumière dorée se déplacer, en tournant, de la première Maison de l'Âme jusqu'au cœur, où là, elle tourne sur elle-même, explose et brille dans toutes les directions à partir du cœur.

c. Accomplissez les étapes 1a et 1b sept fois de suite.

Étape 2

a. Inspirez. Visualisez une lumière dorée partant de votre nez pour descendre au centre de votre corps jusqu'en bas du tronc, où elle se concentre en une boule, dans votre premier chakra énergétique (la première Maison de l'Âme).

b. Expirez. Chantez « Da Ai Da Ai Da Ai ». Simultanément, visualisez la boule de lumière dorée rouler vers le haut, de la première Maison de l'Âme jusqu'au cœur, où elle tourne, explose et brille dans toutes les directions.

c. Accomplissez les étapes 2a et 2b quatre fois de suite.

Étape 3

a. Inspirez. Même visualisation qu'aux étapes 1a et 2a.

b. Expirez. Chantez :

   Da Ai (prononcer *dah aïe*)
   Da Ai Da Ai Da Ai
   Da Ai Da Ai Da Ai
   Da Ai Da Ai Da Ai
   Da Ai Da Ai Da Ai Da Ai

   Quand vous récitez ces cinq vers, inspirez rapidement à la fin de chacun d'eux et visualisez la boule de lumière dorée tourner comme suit :

   Quand vous chantez le premier vers, la boule de lumière dorée effectue un va-et-vient partant de la première Maison de l'Âme jusqu'au cœur (quatrième Maison de l'Âme), puis redescendant pour traverser le Kun Gong, et revenant à la première Maison de l'Âme.

Quand vous chantez les vers 2 à 5, la boule de lumière dorée effectue un va-et-vient partant de la première Maison de l'Âme jusqu'au cœur (quatrième Maison de l'Âme), puis redescendant pour traverser le Kun Gong, et revenant à la première Maison de l'Âme. Ensuite, la boule dorée trace un grand cercle. Elle monte de la première Maison de l'Âme pour entrer dans la colonne vertébrale par un trou invisible devant le coccyx, puis monte le long de la colonne jusqu'à la zone occipitale, puis entre dans le cerveau et le traverse pour arriver au chakra couronne (septième Maison de l'Âme) au-dessus de votre tête. À partir de là, elle redescend dans votre fosse nasale jusqu'au palais, puis traverse les cinquième, quatrième, troisième et deuxième chakras (Maisons de l'Âme) pour revenir au chakra racine (première Maison de l'Âme). Voir illustration 14, page 90.

c. Accomplissez les étapes 3a et 3b quatre fois de suite.

Vous pouvez chanter intérieurement ou à voix haute. Le mieux est de faire à la fois le chant yang et le chant yin chaque fois que vous pratiquez.

Pouvoir de la Calligraphie du Tao. Tracez *Da Ai,* le plus grand amour. Vous pouvez tracer *Da Ai* sur la quatrième de couverture de ce livre. (Voir aussi « Comment trouver d'autres Calligraphies du Tao pour pratiquer avec le Pouvoir de la Calligraphie du Tao » page 61.)

Quand vous tracez la calligraphie, le traçage devient votre Pouvoir du Corps. Vous pouvez associer le traçage de la calligraphie au Pouvoir du Mental, au Pouvoir du Son et/ou au Pouvoir de la Respiration, ou vous contenter de vous concentrer sur la Calligraphie.

Conclusion. Terminez votre séance de pratique en disant :

Hao. Hao. Hao.
Merci. Merci. Merci.

ഌ ഌ ଓ

Nous avons appliqué les six techniques sacrées du pouvoir du Tao pour guérir et transformer le corps spirituel avec Da Ai, le plus grand amour. Da

Ai est la première des dix Da. Vous pouvez vous servir de n'importe laquelle des dix autres qualités Da de la même façon pour transformer le corps spirituel.

Pratiquez. Pratiquez. Pratiquez.

Vivez la transformation.

Sept Chakras Énergétiques (Maisons de l'Âme) et le Wai Jiao

L'ENSEIGNEMENT SUR LES CHAKRAS est connu dès les premières traditions de l'hindouisme. Il s'agit de centres énergétiques spirituels qui sont au cœur de nombreuses méditations et pratiques anciennes. Il y a sept chakras principaux.

En 2008, j'ai reçu l'enseignement divin du Tao selon lequel les sept chakras sont aussi les sept Maisons de l'Âme d'un être humain. Ils sont le canal central du corps. Voir illustration 14, page 90.

Chaque Maison de l'Âme fait la taille du poing. Du plus bas au plus élevé, on distingue :

- premier—au niveau du bassin pelvien, juste au-dessus du périnée, qui est la zone entre l'anus et le scrotum ou la vulve, et le point d'acupuncture Hui Yin[16] (chakra racine)
- deuxième—dans le bas-ventre, entre la première et la troisième Maisons de l'Âme (chakra sacré)
- troisième—au niveau du nombril (chakra du nombril)
- quatrième—le Centre des Messages (chakra du cœur) au milieu de la poitrine
- cinquième—dans la gorge (chakra de la gorge)
- sixième—dans le cerveau (chakra du troisième œil)

---

[16] Le point d'acupuncture Hui Yin est situé sur le périnée, à mi-chemin entre l'anus et le scrotum ou la vulve. Voir illustration 14, page 90.

- septième—au sommet de la tête, sur le point d'acupuncture Bai Hui[17] (chakra couronne)

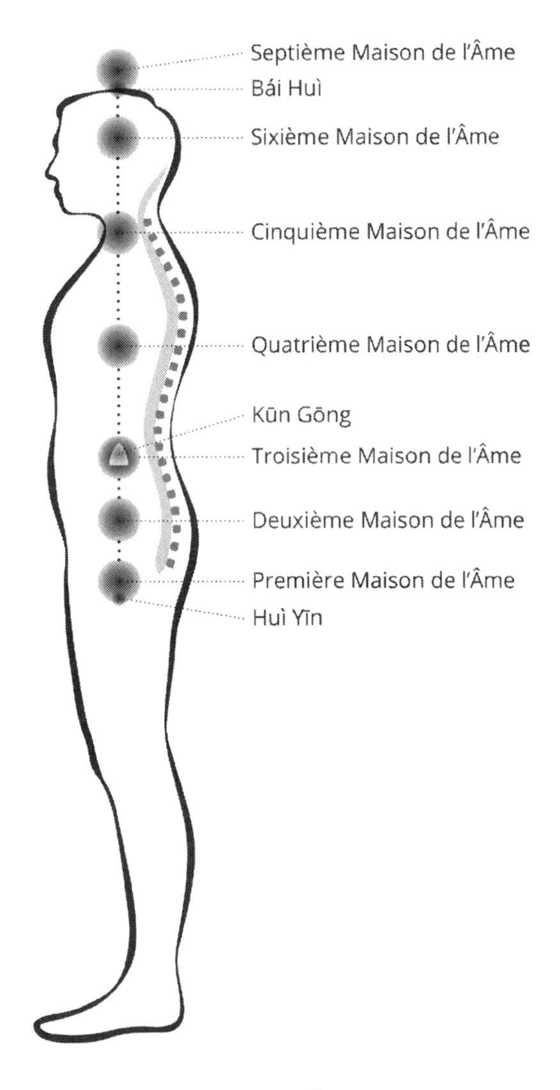

Illustration 14. Les sept chakras (Maisons de l'Âme) d'un être humain

---

[17] Le point d'acupuncture Bai Hui est situé sur le sommet de la tête, à mi-chemin entre les oreilles, et à mi-chemin entre l'avant et l'arrière de la tête. Voir illustration 14.

Pouvoir et signification des sept chakras (Maisons de l'Âme) et le Wai Jiao

La première Maison de l'Âme est l'origine, la base et la racine. Elle est la source génératrice d'énergie et de lumière. Au niveau physique, cette zone est aussi génératrice de vie et d'énergie. C'est le moteur qui produit la force motrice pour générer et propulser l'énergie dans les six autres Maisons de l'Âme et dans tout le corps.

La première Maison de l'Âme est exactement cela ; c'est là où réside une âme pour la première fois lors de son voyage. Elle est le début du voyage de l'âme. L'âme d'un être humain est en voyage depuis de très nombreuses vies. Si votre âme se trouve dans la première Maison de l'Âme, c'est que votre âme est encore au début du voyage. La première Maison de l'Âme est très importante, mais au cours de votre voyage, votre âme doit se déplacer vers les maisons supérieures.

La deuxième Maison de l'Âme est située dans le bas-ventre, au même niveau que le Dan Tian Inférieur,[18] entre la première maison et le niveau du nombril. Voir illustration 15. La deuxième Maison de l'Âme est importante pour le voyage de l'âme, parce que, quand votre âme atteint cet endroit, elle a acquis beaucoup de vertu, qui est la récompense du Ciel pour les informations ou messages positifs que vous avez créés. Cette vertu nourrit et élève votre âme, et est inscrite dans votre livre des Annales Akashiques.[19] Votre âme a fait des progrès importants, mais elle a encore un long chemin devant elle.

La deuxième Maison de l'Âme est liée au bien-être et à l'équilibre de l'énergie fondamentale du Dan Tian Inférieur. Elle est liée au bien-être et à l'équilibre de toute la création. Le petit univers (l'être humain) est un reflet du

---

[18] Le Dan Tian inférieur est un centre énergétique fondamental, situé dans le bas-ventre, de la taille du poing. (Voir illustration 15, page 92.) C'est un réservoir d'énergie. Un Dan Tian inférieur puissant est essentiel pour l'énergie, l'endurance, la vitalité, l'immunité, la régénération et la longévité.

[19] Les Annales Akashiques sont un lieu dans le Ciel où sont inscrits tous les actes, comportements, paroles et pensées, positifs comme négatifs de toutes les vies d'une personne. Chaque âme a un livre dans les Annales Akashiques.

grand univers (la nature). Comme je l'ai révélé dans *The Power of Soul*,[20] le livre qui fait autorité dans toute ma série sur le Pouvoir de l'Âme, le bas-ventre est aussi un centre secret de l'intelligence, de la sagesse et de la connaissance de l'âme.

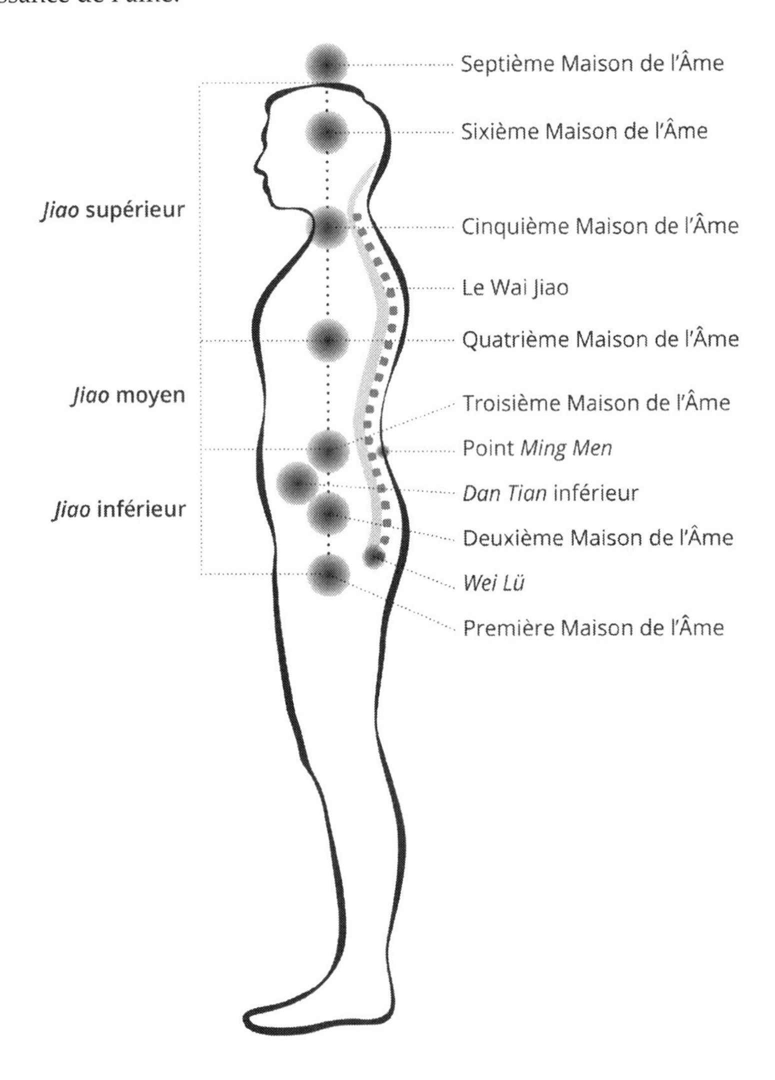

Illustration 15. Les sept Maisons de l'Âme, le San Jiao, le Wai Jiao, le point Ming Men, le Dan Tian Inférieur et le Wei Lü

[20] Dr. and Master Zhi Gang Sha, *The Power of Soul: The Way to Heal, Rejuvenate, and Enlighten All Life*, New York/Toronto: Atria Books/Heaven's Library Publication Corp., 2009.

Dans cette zone, les messages, l'énergie et la matière circulent activement, influençant chaque aspect de l'être. La deuxième Maison de l'Âme est liée à tous ces aspects de toute la création, y compris le Monde de l'Âme, le Divin et la Source du Tao.

La troisième Maison de l'Âme est importante parce qu'elle est la dernière qu'une âme doit traverser sur son chemin vers l'éveil. Quand votre âme atteint ce niveau, c'est qu'elle a fait de réels progrès. Les âmes sont assez heureuses d'être arrivées à ce niveau. Elles ont vraiment hâte d'aller de l'avant, parce qu'elles savent que l'étape suivante est leur éveil.

La quatrième Maison de l'Âme est très particulière. Quand votre âme repose dans le Centre des Messages ou chakra du cœur, derrière l'extrémité inférieure du sternum, elle a atteint le niveau de l'éveil. Son statut d'âme a considérablement changé. Il faut généralement des centaines ou des milliers de vies pour atteindre l'éveil de l'âme.

L'éveil transforme la qualité de service que vous pouvez offrir. Votre capacité à servir s'élève et devient plus puissante. En même temps, votre livre des annales akashiques est transféré dans un hall réservé à ceux qui sont éveillés. Votre capacité à communiquer avec le monde de l'Âme augmente considérablement. Les enseignements, la sagesse et les pratiques que vous recevez du Divin et du Monde de l'Âme seront d'un tout autre niveau. C'est une étape importante du voyage de l'âme, mais ce n'est que le début du chemin de l'éveil.

La quatrième Maison de l'Âme est le centre de la guérison, de l'amour, du pardon, de la compassion, de la communication de l'âme, de la transformation, de l'éveil, et bien plus encore. Toutes ces qualités influencent également votre voyage physique. Quand votre âme réside dans la quatrième Maison de l'Âme, de nombreux blocages peuvent être éliminés. Votre bien-être, à la fois physique, émotionnel et mental, peut s'améliorer de façon très puissante.

La cinquième Maison de l'Âme est située dans la gorge. Très peu d'âmes atteignent ce niveau par leurs propres moyens. Cette Maison de l'Âme est un pont entre le cœur et la conscience. Elle aide à intégrer la sagesse du cœur et de la conscience. Quand cela arrive, le service que vous pouvez donner augmente à nouveau considérablement. Votre capacité à comprendre le voyage de votre âme et celui des autres augmente beaucoup.

Sur le plan physique, ses bienfaits entraînent non seulement une plus grande guérison dans chaque aspect de la vie, mais aussi une régénération et une prolongation de la vie substantielles. Pour beaucoup de gens, cette Maison de l'Âme est liée aux mémoires de l'âme. La guérison de ces mémoires peut se faire à un niveau très profond. Quand cela arrive, la résorption des troubles physiques se fait souvent à un rythme accéléré.

La sixième Maison de l'Âme est située dans le cerveau. Quand l'âme atteint ce niveau, la conscience est transformée. La connexion et l'alignement à la conscience divine se renforcent considérablement. La capacité à communiquer avec le monde de l'âme continue de s'accroître. Sur le plan physique, quand une âme réside dans le cerveau, elle guérit et régénère d'une façon particulière tous les aspects du corps physique. Le cerveau détermine, dirige ou influence toutes les fonctions du corps. Quand l'âme demeure dans le cerveau, l'influence du cerveau a atteint un certain niveau de présence divine et de lumière divine.

La septième Maison de l'Âme est située juste au-dessus de la tête, dans le chakra couronne. C'est la position la plus élevée dans laquelle peut se trouver l'âme. Sur le plan physique, quand votre âme réside dans la septième maison, elle a atteint une position où elle peut vraiment tenir les rênes. Elle est capable de diriger puissamment tous les aspects de votre vie, y compris les aspects physiques, mentaux, émotionnels, relationnels et financiers. C'est un grand honneur et un grand privilège pour votre âme de pouvoir atteindre cette Maison de l'Âme. Très peu ont accompli cet exploit par leurs propres moyens.

Le Wai Jiao 外焦 est l'espace du corps situé devant la colonne vertébrale et la boîte crânienne. Voir illustration 15. C'est le plus grand espace du corps. Parce que tous les méridiens, les énergies et les canaux du corps doivent traverser le Wai Jiao, le shen qi jing négatif du Wai Jiao peut avoir un impact sur tous les organes, toutes les parties du corps et tout autre espace. Le Wai Jiao est donc un élément-clé de toute guérison et transformation.

Pouvoir et signification de la guérison et de la transformation des sept chakras (les Maisons de l'Âme) et du Wai Jiao

Les sept Maisons de l'Âme sont reliées aux différents aspects de la création, à l'équilibre du yin et du yang, ainsi qu'à la pratique du Divin et de la Source du Tao. En pratiquant avec les sept chakras (Maisons de l'Âme), vous vous reliez aux voyages des âmes du Divin et de tous les univers. Vous vous reliez à toute l'humanité ainsi qu'à la Terre-Mère. Tandis que votre âme se déplace vers des demeures plus élevées, cette connexion entre vous, l'humanité, la Terre-Mère et le Divin devient de plus en plus concrète et réelle dans votre vie quotidienne. Les bienfaits que vous en recevez sont indescriptibles. Votre pratique profite à l'humanité, à la Terre-Mère et à tous les univers.

Parmi les pratiques des chapitres neuf et dix, la récitation, le chant et le traçage des calligraphies soutiennent les espaces les plus importants, ainsi que les cercles et canaux les plus importants de l'énergie, de la matière et de l'âme dans le corps. Toutes les énergies, matières et âmes de tous vos systèmes, organes, cellules et méridiens se rassembleront pour s'unir à ces cercles et à ces canaux fondamentaux. Si ce cercle d'énergie circule, tous les cercles d'énergie suivront. Si ce cercle de matière circule, tous les cercles de matière suivront. Si ce canal d'âme circule, tous les canaux d'âme suivront. Il s'agit des canaux Shen Qi Jing que je décrirai plus en détail dans le chapitre dix.

Passons à l'application des six techniques sacrées du pouvoir du Tao pour guérir et transformer les sept chakras (les Maisons de l'Âme) et le Wai Jiao. Étudiez les vidéos avec mon chant qui ont été créées pour vous, pour toutes les pratiques essentielles de ce livre. Vous pouvez même vous entrainer avec les vidéos.

Pratiquez bien.

Vivez la guérison et la transformation.

Mettre en pratique les Six Techniques Sacrées du Pouvoir du Tao pour Guérir les Sept Chakras Énergétiques (Maisons de l'Âme) et le Wai Jiao

LES SEPT CHAKRAS OU Maisons de l'Âme sont les principaux espaces à l'intérieur du corps. Le corps humain peut être divisé en deux parties. L'une d'elles rassemble les organes. L'autre rassemble les espaces.

Pensez à l'air de la Terre-Mère. Dans certains pays ou certaines régions du monde, l'air est très pur. Dans d'autres, l'air est pollué. La pollution atmosphérique entraîne des maladies pulmonaires et de nombreuses autres maladies. L'air pur est inestimable.

Dans le corps, nettoyer les sept chakras ou Maisons de l'Âme et le Wai Jiao revient à nettoyer l'air des espaces. Le nettoyage de l'espace est un moyen sacré de guérir les systèmes, les organes et les cellules. C'est une sagesse inestimable pour tous les êtres humains.

Passons à l'application des six techniques sacrées du pouvoir du Tao pour guérir et transformer les sept chakras (les Maisons de l'Âme) et le Wai Jiao. Nous utiliserons une position des mains particulière du Pouvoir du Corps, les Mains en Position Yin-Yang, dans les pratiques pour les trois premières Maisons de l'Âme.

Mains en Position Yin-Yang

Attrapez votre pouce gauche avec les doigts de votre main droite et fermez le poing de la main droite. Enroulez les quatre doigts de la main gauche sur la main droite. Serrez votre pouce gauche avec soixante-quinze à quatre-vingts pour cent de votre force maximale. C'est la position des mains yin-yang. Voir illustration 16.

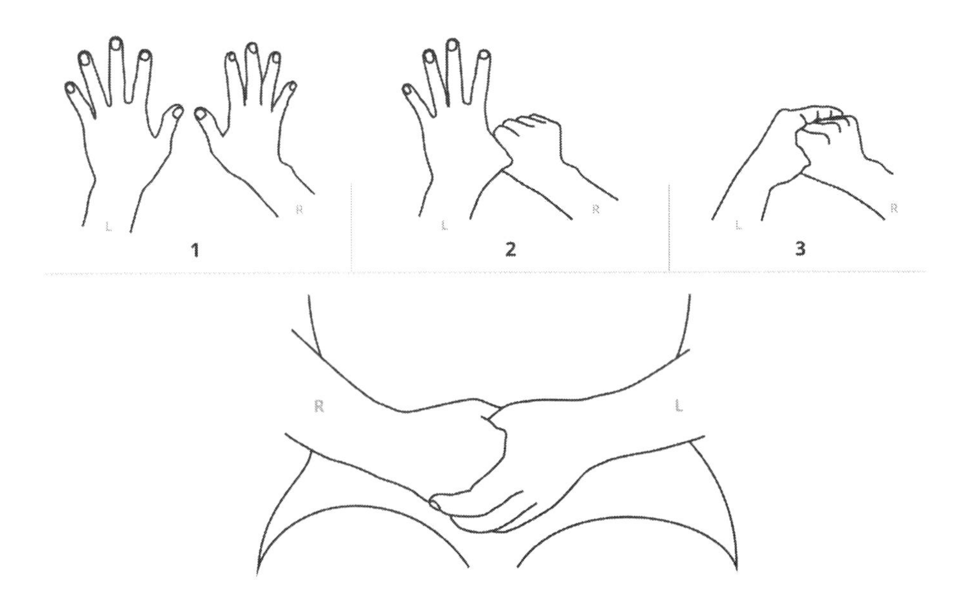

Illustration 16. Position yin-yang de la main

Premier chakra ou Maison de l'Âme

Pouvoir du Corps. Placez vos mains en position yin-yang devant la première Maison de l'Âme, en bas du torse.

Pouvoir de l'Âme. Dites *bonjour* aux âmes internes :

Chers âme, cœur, conscience et corps de mon premier chakra et première Maison de l'Âme,
Je vous aime, je vous honore et je vous apprécie.
Vous avez le pouvoir de vous guérir et de vous régénérer.
Faites un bon travail.
Merci.

Dites *bonjour* aux âmes externes :

Chère Source du Tao, cher Divin,
Chers bouddhas, chers saints (vous pouvez nommer les saints en qui vous croyez),
Cher Ciel, chère Terre-Mère, et chers planètes, étoiles, galaxies et univers innombrables,
Je vous aime, je vous honore et je vous apprécie.
Veuillez pardonner mes ancêtres et moi-même pour toutes les erreurs, liées à la première Maison de l'Âme, que nous avons commises dans toutes nos vies.
Je demande pardon du plus profond de mon cœur à toutes les âmes que mes ancêtres et moi-même avons blessées de ces façons.
Afin de me faire pardonner, je vivrai une vie de service inconditionnel.
Le chant et la méditation sont des services.
Je chanterai et méditerai autant que je le pourrai.
J'offrirai un service inconditionnel autant que je le pourrai.
J'accorde un pardon inconditionnel à tous ceux qui ont blessé ou importuné mes ancêtres ou ma personne, dans toutes nos vies.
Je suis extrêmement reconnaissant.
Merci.

Pouvoir du Mental. Visualisez une lumière dorée rayonnant dans et autour de la première Maison de l'Âme.

Pouvoir de la Respiration. Inspirez et gonflez votre abdomen. Expirez et contractez votre abdomen. Assurez-vous d'inspirer et d'expirer avec douceur, régularité et naturel. Rappelez-vous que la durée et la profondeur de chaque inspiration et expiration dépendent de votre forme personnelle. Faites ce qui est naturel.

Pouvoir du Son. En chantant, nous combinons le Pouvoir du Son au Pouvoir de la Respiration et à une visualisation plus précise du Pouvoir du Mental. Regardez la vidéo avec mon chant qui a été créé pour vous, pour cette pratique et toutes les pratiques essentielles de ce livre.

Étape 1

a. Inspirez. Visualisez une lumière dorée partant de votre nez pour descendre au centre de votre corps, où elle se concentre en une boule dans votre première Maison de l'Âme.

b. Expirez. Chantez « Hei » (prononcer *hey*), le son sacré de la première Maison de l'Âme. Simultanément, visualisez la boule de lumière dorée tourner, exploser et briller dans toutes les directions à partir de la première Maison de l'Âme.

c. Accomplissez les étapes 1a et 1b sept fois de suite.

Étape 2

a. Inspirez. Visualisez une lumière dorée partant de votre nez pour descendre au centre de votre corps, où elle se concentre en une boule dans votre première Maison de l'Âme.

b. Expirez. Chantez « Hei Hei Hei ». Visualisez la boule de lumière dorée tourner, exploser et briller dans toutes les directions à partir de la première Maison de l'Âme.

c. Accomplissez les étapes 2a et 2b quatre fois de suite.

Étape 3

a. Inspirez. Même visualisation qu'aux étapes 1a et 2a.

b. Expirez. Chantez :

   Hei Ya (prononcer *hey ya*)
   Hei Ya Hei Ya You (prononcer *hey ya hey ya yō*)
   Hei Ya Hei Ya You
   Hei Ya Hei Ya Hei Ya You
   Hei Ya Hei Ya Hei Ya Hei Ya You

   Quand vous récitez ces cinq vers, inspirez rapidement à la fin de chacun d'eux et visualisez la boule de lumière dorée tourner comme suit :

   Quand vous chantez le premier vers, la boule de lumière dorée effectue un va-et-vient partant de la première Maison de l'Âme jusqu'au Kun Gong (dans le corps, derrière le nombril), puis revenant à la première Maison de l'Âme.

   Quand vous chantez les vers 2 à 5, la boule de lumière dorée effectue un va-et-vient partant de la première Maison de l'Âme jusqu'au Kun Gong (dans le corps, derrière le nombril), puis revenant à la première Maison de l'Âme. Quand vous chantez « You » dans ces lignes, visualisez la boule de lumière dorée tracer un grand cercle. La boule entre dans la colonne vertébrale par un trou invisible devant le coccyx, puis monte le long de la colonne jusqu'à la zone occipitale, puis entre dans le cerveau et le traverse pour arriver à la septième Maison de l'Âme. À partir de là, elle redescend dans votre fosse nasale jusqu'au palais, puis traverse les cinquième, quatrième, troisième et deuxième Maisons de l'Âme pour revenir à la première.

c. Accomplissez les étapes 3a et 3b quatre fois de suite.

Vous pouvez chanter intérieurement ou à voix haute. Le mieux est de faire à la fois le chant yang et le chant yin chaque fois que vous pratiquez.

Pouvoir de la Calligraphie du Tao. Tracez *Da Ai*, le plus grand amour, ou *Da Kuan Shu*, le plus grand pardon. (Voir « Comment trouver d'autres Calligraphies du Tao pour pratiquer avec le Pouvoir de la Calligraphie du Tao » page 61.)

Quand vous tracez la calligraphie, le traçage devient votre Pouvoir du Corps. Vous pouvez associer le traçage de la calligraphie au Pouvoir du Mental, au Pouvoir du Son et/ou au Pouvoir de la Respiration, ou vous contenter de vous concentrer sur la Calligraphie.

Conclusion. Terminez votre séance de pratique en disant :

Hao. Hao. Hao.
Merci. Merci. Merci.

Deuxième chakra ou Maison de l'Âme

Pouvoir du Corps. Posez vos mains en position yin-yang devant la deuxième Maison de l'Âme, sur le bas-ventre, en dessous du nombril.

Pouvoir de l'Âme. Dites *bonjour* aux âmes internes :

Chers âme, cœur, conscience, corps de mon deuxième chakra et Maison de l'Âme,
Je vous aime, je vous honore et je vous apprécie.
Vous avez le pouvoir de vous guérir et de vous régénérer.
Faites un bon travail.
Merci.

Dites *bonjour* aux âmes externes :

Chère Source du Tao, cher Divin,
Chers bouddhas, chers saints (vous pouvez nommer les saints en qui vous croyez),
Cher Ciel, chère Terre-Mère, et chers planètes, étoiles, galaxies et univers innombrables,
Je vous aime, je vous honore et je vous apprécie.
Veuillez pardonner mes ancêtres et moi-même pour toutes les erreurs, liées à la deuxième Maison de l'Âme, que nous avons commises dans toutes nos vies.
Je demande pardon du plus profond de mon cœur à toutes les âmes que mes ancêtres et moi-même avons blessées de ces façons.
Afin de me faire pardonner, je vivrai une vie de service inconditionnel.
Le chant et la méditation sont des services.
Je chanterai et méditerai autant que je le pourrai.
J'offrirai un service inconditionnel autant que je le pourrai.
J'accorde un pardon inconditionnel à tous ceux qui ont blessé ou importuné mes ancêtres ou ma personne, dans toutes nos vies.
Je suis extrêmement reconnaissant.
Merci.

Pouvoir du Mental. Visualisez une lumière dorée rayonnant dans et autour de la deuxième Maison de l'Âme.

Pouvoir de la Respiration. Inspirez et gonflez votre abdomen. Expirez et contractez votre abdomen. Assurez-vous d'inspirer et d'expirer avec douceur, régularité et naturel. Rappelez-vous que la durée et la profondeur de chaque inspiration et expiration dépendent de votre forme personnelle. Faites ce qui est naturel.

Pouvoir du Son. En chantant, nous combinons le Pouvoir du Son au Pouvoir de la Respiration et à une visualisation plus précise du Pouvoir du Mental.

Étape 1

a. Inspirez. Visualisez une lumière dorée partant de votre nez pour descendre au centre de votre corps, où elle se concentre en une boule dans votre première Maison de l'Âme.

b. Expirez. Chantez « Heng » (prononcer *heing*), le son sacré de la deuxième Maison de l'Âme. Simultanément, visualisez la boule de lumière dorée se déplacer, en tournant, de la première à la deuxième Maison de l'Âme, où elle explose et brille dans toutes les directions.

c. Accomplissez les étapes 1a et 1b sept fois de suite.

Étape 2

a. Inspirez. Visualisez une lumière dorée partant de votre nez pour descendre au centre de votre corps, où elle se concentre en une boule dans votre première Maison de l'Âme.

b. Expirez. Chantez « Heng Heng Heng ». La boule de lumière dorée se déplace, en tournant, de la première à la deuxième Maison de l'Âme, où là, elle tourne sur elle-même, explose et brille dans toutes les directions.

c. Accomplissez les étapes 2a et 2b quatre fois de suite.

Étape 3

a. Inspirez. La boule de lumière dorée se forme dans votre première Maison de l'Âme.

b. Expirez. Chantez :

Heng Ya (prononcer *heing ya*)
Heng Ya Heng Ya You (prononcer *heing ya heing ya yō*)
Heng Ya Heng Ya You
Heng Ya Heng Ya Heng Ya You
Heng Ya Heng Ya Heng Ya Heng Ya You

Quand vous récitez ces cinq vers, inspirez rapidement à la fin de chacun d'eux et visualisez la boule de lumière dorée tourner comme suit :

Quand vous chantez le premier vers, la boule de lumière dorée effectue un va-et-vient de la première Maison de l'Âme jusqu'au Kun Gong en traversant la deuxième Maison de l'Âme, puis revient à la première Maison de l'Âme.

Quand vous chantez les vers 2 à 5, la boule de lumière dorée effectue un va-et-vient de la première Maison de l'Âme jusqu'au Kun Gong en traversant la deuxième Maison de l'Âme, puis revient à la première Maison de l'Âme. Quand vous chantez « You » dans ces vers, visualisez la boule de lumière dorée tracer un grand cercle. La boule entre dans la colonne vertébrale par un trou invisible devant le coccyx, puis monte le long de la colonne jusqu'à la zone occipitale, puis entre dans le cerveau et le traverse pour arriver à la septième Maison de l'Âme. À partir de là, elle redescend dans votre fosse nasale jusqu'au palais, puis traverse les cinquième, quatrième, troisième et deuxième Maisons de l'Âme pour revenir à la première.

c. Accomplissez les étapes 3a et 3b quatre fois de suite.

Vous pouvez chanter intérieurement ou à voix haute. Le mieux est de faire à la fois le chant yang et le chant yin chaque fois que vous pratiquez.

Pouvoir de la Calligraphie du Tao. Tracez *Da Ai*, le plus grand amour, ou *Da Kuan Shu*, le plus grand pardon. (Voir « Comment trouver d'autres Calligraphies du Tao pour pratiquer avec le Pouvoir de la Calligraphie du Tao » page 61.)

Quand vous tracez la calligraphie, le traçage devient votre Pouvoir du Corps. Vous pouvez associer le traçage de la calligraphie au Pouvoir du Mental, au Pouvoir du Son et/ou au Pouvoir de la Respiration, ou vous contenter de vous concentrer sur la Calligraphie.

Conclusion. Terminez votre séance de pratique en disant :

Hao. Hao. Hao.
Merci. Merci. Merci.

Troisième chakra ou Maison de l'Âme

Pouvoir du Corps. Posez vos mains en position yin-yang devant le nombril, qui est aussi la troisième Maison de l'Âme.

Pouvoir de l'Âme. Dites *bonjour* aux âmes internes :

Chers âme, cœur, conscience et corps de mon troisième chakra et Maison de l'Âme,
Je vous aime, je vous honore et je vous apprécie.
Vous avez le pouvoir de vous guérir et de vous régénérer.
Faites un bon travail.
Merci.

Dites *bonjour* aux âmes externes :

Chère Source du Tao, cher Divin,
Chers bouddhas, chers saints (vous pouvez nommer les saints en qui vous croyez),
Cher Ciel, chère Terre-Mère, et chers planètes, étoiles, galaxies et univers innombrables,
Je vous aime, je vous honore et je vous apprécie.
Veuillez pardonner mes ancêtres et moi-même pour toutes les erreurs, liées à la troisième Maison de l'Âme, que nous avons commises dans toutes nos vies.
Je suis sincèrement désolé de toutes ces erreurs.
Je demande pardon du plus profond de mon cœur à toutes les âmes que mes ancêtres et moi-même avons blessées de ces façons.
Afin de me faire pardonner, je vivrai une vie de service inconditionnel.
Le chant et la méditation sont des services.
Je chanterai et méditerai autant que je le pourrai.
J'offrirai un service inconditionnel autant que je le pourrai.
J'accorde un pardon inconditionnel à tous ceux qui ont blessé ou importuné mes ancêtres ou ma personne, dans toutes nos vies.
Je suis extrêmement reconnaissant.
Merci.

Pouvoir du Mental. Visualisez une lumière dorée rayonnant dans et autour de la troisième Maison de l'Âme.

Pouvoir de la Respiration. Inspirez et gonflez votre abdomen. Expirez et contractez votre abdomen. Assurez-vous d'inspirer et d'expirer avec douceur, régularité et naturel. Rappelez-vous que la durée et la profondeur de chaque inspiration et expiration dépendent de votre forme personnelle. Faites ce qui est naturel.

Pouvoir du Son. En chantant, nous combinons le Pouvoir du Son au Pouvoir de la Respiration et à une visualisation plus précise du Pouvoir du Mental.

Étape 1

a. Inspirez. Visualisez une lumière dorée partant de votre nez pour descendre au centre de votre corps, où elle se concentre en une boule dans votre première Maison de l'Âme.

b. Expirez. Chantez « Hong » (prononcer *hong*), le son sacré de la troisième Maison de l'Âme. Simultanément, la boule de lumière dorée se déplace, en tournant, de la première à la troisième Maison de l'Âme, où elle explose et brille dans toutes les directions.

c. Accomplissez les étapes 1a et 1b sept fois de suite.

Étape 2

a. Inspirez. Visualisez une lumière dorée partant de votre nez pour descendre au centre de votre corps, où elle se concentre en une boule dans votre première Maison de l'Âme.

b. Expirez. Chantez « Hong Hong Hong ». La boule de lumière dorée se déplace, en tournant, de la première à la troisième Maison de l'Âme, où là, elle tourne sur elle-même, explose et brille dans toutes les directions.

c. Accomplissez les étapes 2a et 2b quatre fois de suite.

Étape 3

a. Inspirez. La boule de lumière dorée se forme dans votre première Maison de l'Âme.

b. Expirez. Chantez :

Hong Ya (prononcer *hong ya*)
Hong Ya Hong Ya You (prononcer *hong ya hong ya yō*)
Hong Ya Hong Ya You
Hong Ya Hong Ya Hong Ya You
Hong Ya Hong Ya Hong Ya Hong Ya You

Quand vous récitez ces cinq vers, inspirez rapidement à la fin de chacun d'eux et visualisez la boule de lumière dorée tourner comme suit :

Quand vous chantez le premier vers, la boule de lumière dorée effectue un va-et-vient de la première à la troisième Maison de l'Âme en traversant la deuxième, puis revient à la première Maison de l'Âme.

Quand vous chantez les vers 2 à 5, la boule de lumière dorée effectue un va-et-vient de la première à la troisième Maison de l'Âme en traversant la deuxième, puis revient à la première. Quand vous chantez « You » dans ces vers, visualisez la boule de lumière dorée tracer un grand cercle. La boule entre dans la colonne vertébrale par un trou invisible devant le coccyx, puis monte le long de la colonne jusqu'à la zone occipitale, puis entre dans le cerveau et le traverse pour arriver à la septième Maison de l'Âme. À partir de là, elle redescend dans votre fosse nasale jusqu'au palais, puis traverse les cinquième, quatrième, troisième et deuxième Maisons de l'Âme pour revenir à la première.

c. Accomplissez les étapes 3a et 3b quatre fois de suite.

Vous pouvez chanter intérieurement ou à voix haute. Le mieux est de faire à la fois le chant yang et le chant yin chaque fois que vous pratiquez.

Pouvoir de la Calligraphie du Tao. Tracez *Da Ai,* le plus grand amour, ou *Da Kuan Shu,* le plus grand pardon. (Voir « Comment trouver d'autres Calligraphies du Tao pour pratiquer avec le Pouvoir de la Calligraphie du Tao » page 61.)

Quand vous tracez la calligraphie, le traçage devient votre Pouvoir du Corps. Vous pouvez associer le traçage de la calligraphie au Pouvoir du Mental, au Pouvoir du Son et/ou au Pouvoir de la Respiration, ou vous contenter de vous concentrer sur la Calligraphie.

Conclusion. Terminez votre séance de pratique en disant :

Hao. Hao. Hao.
Merci. Merci. Merci.

Quatrième chakra ou Maison de l'Âme

Pouvoir du Corps. Posez une main sous le nombril. Posez l'autre main sur le Centre des Messages.

Pouvoir de l'Âme. Dites *bonjour* aux âmes internes :

Chers âme, cœur, conscience et corps de ma quatrième Maison de l'Âme,
Je vous aime, je vous honore et je vous apprécie.
Vous avez le pouvoir de vous guérir et de vous régénérer.
Faites un bon travail.
Merci.

Dites *bonjour* aux âmes externes :

Chère Source du Tao, cher Divin,

Chers bouddhas, chers saints (vous pouvez nommer les saints en qui vous croyez),
Cher Ciel, chère Terre-Mère, et chers planètes, étoiles, galaxies et univers innombrables,
Je vous aime, je vous honore et je vous apprécie.
Veuillez pardonner mes ancêtres et moi-même pour toutes les erreurs, liées à la quatrième Maison de l'Âme, que nous avons commises dans toutes nos vies.
Je demande pardon du plus profond de mon cœur à toutes les âmes que mes ancêtres et moi-même avons blessées de ces façons.
Afin de me faire pardonner, je vivrai une vie de service inconditionnel.
Le chant et la méditation sont des services.
Je chanterai et méditerai autant que je le pourrai.
J'offrirai un service inconditionnel autant que je le pourrai.
J'accorde un pardon inconditionnel à tous ceux qui ont blessé ou importuné mes ancêtres ou ma personne, dans toutes nos vies.
Je suis extrêmement reconnaissant.
Merci.

Pouvoir du Mental. Visualisez une lumière dorée rayonnant dans et autour de la quatrième Maison de l'Âme.

Pouvoir de la Respiration. Inspirez et gonflez votre abdomen. Expirez et contractez votre abdomen. Assurez-vous d'inspirer et d'expirer avec douceur, régularité et naturel. Rappelez-vous que la durée et la profondeur de chaque inspiration et expiration dépendent de votre forme personnelle. Faites ce qui est naturel.

Pouvoir du Son. En chantant, nous combinons le Pouvoir du Son au Pouvoir de la Respiration et à une visualisation plus précise du Pouvoir du Mental.

Étape 1

a. Inspirez. Visualisez une lumière dorée partant de votre nez pour descendre au centre de votre corps, où elle se concentre en une boule dans votre première Maison de l'Âme.

b. Expirez. Chantez « Ah », le son sacré de la quatrième Maison de l'Âme. Simultanément, la boule de lumière dorée se déplace, en tournant, de la première à la quatrième Maison de l'Âme, où elle explose et brille dans toutes les directions.

c. Accomplissez les étapes 1a et 1b sept fois de suite.

Étape 2

a. Inspirez. Visualisez une lumière dorée partant de votre nez pour descendre au centre de votre corps, où elle se concentre en une boule dans votre première Maison de l'Âme.

b. Expirez. Chantez « Ah Ah Ah ». La boule de lumière dorée se déplace, en tournant, de la première à la quatrième Maison de l'Âme en traversant les deuxième et troisième Maisons de l'Âme. Là, elle tourne sur elle-même, explose et brille dans toutes les directions.

c. Accomplissez les étapes 2a et 2b quatre fois de suite.

Étape 3

a. Inspirez. La boule de lumière dorée se forme dans votre première Maison de l'Âme.

b. Expirez. Chantez :

   Ah Ya (prononcer *ah ya*)
   Ah Ya Ah Ya You (prononcer *ah yah ah yah yō*)
   Ah Ya Ah Ya You
   Ah Ya Ah Ya Ah Ya You
   Ah Ya Ah Ya Ah Ya Ah Ya You

   Quand vous récitez ces cinq vers, inspirez rapidement à la fin de chacun d'eux et visualisez la boule de lumière dorée tourner comme suit :

   Quand vous chantez le premier vers, la boule de lumière dorée effectue un va-et-vient de la première à la quatrième Maison de l'Âme, en traversant le Kun Gong, puis revient à la première Maison de l'Âme.

   Quand vous chantez les vers 2 à 5, la boule de lumière dorée effectue un va-et-vient de la première à la quatrième Maison de l'Âme, en traversant le Kun Gong, puis revient à la première Maison de l'Âme Quand vous chantez « You » dans ces vers, visualisez la boule de lumière dorée tracer un grand cercle. La boule entre dans la colonne vertébrale par un trou invisible devant le coccyx, puis monte le long de la colonne jusqu'à la zone occipitale, puis entre dans le cerveau et le traverse pour arriver à la septième Maison de l'Âme. À partir de là, elle redescend dans votre fosse nasale jusqu'au palais, puis traverse les cinquième, quatrième, troisième et deuxième Maison de l'Âme pour revenir à la première.

c. Accomplissez les étapes 3a et 3b quatre fois de suite.

Vous pouvez chanter intérieurement ou à voix haute. Le mieux est de faire à la fois le chant yang et le chant yin chaque fois que vous pratiquez.

Pouvoir de la Calligraphie du Tao. Tracez *Da Ai,* le plus grand amour, ou *Da Kuan Shu,* le plus grand pardon. (Voir « Comment trouver d'autres Calligraphies du Tao pour pratiquer avec le Pouvoir de la Calligraphie du Tao » page 61.)

Quand vous tracez la calligraphie, le traçage devient votre Pouvoir du Corps. Vous pouvez associer le traçage de la calligraphie au Pouvoir du Mental, au Pouvoir du Son et/ou au Pouvoir de la Respiration, ou vous contenter de vous concentrer sur la Calligraphie.

Conclusion. Terminez votre séance de pratique en disant :

Hao. Hao. Hao.
Merci. Merci. Merci.

Cinquième chakra ou Maison de l'Âme

Pouvoir du Corps. Posez une main sous le nombril. Posez l'autre main sur votre gorge, au niveau de la cinquième Maison de l'Âme.

Pouvoir de l'Âme. Dites *bonjour* aux âmes internes :

Chers âme, cœur, conscience et corps de ma cinquième Maison de l'Âme,
Je vous aime, je vous honore et je vous apprécie.
Vous avez le pouvoir de vous guérir et de vous régénérer.
Faites un bon travail.
Merci.

Dites *bonjour* aux âmes externes :

Chère Source du Tao, cher Divin,
Chers bouddhas, chers saints (vous pouvez nommer les saints en qui vous croyez),

Cher Ciel, chère Terre-Mère, et chers planètes, étoiles, galaxies et univers innombrables,
Je vous aime, je vous honore et je vous apprécie.
Veuillez pardonner mes ancêtres et moi-même pour toutes les erreurs, liées à la cinquième Maison de l'Âme, que nous avons commises dans toutes nos vies.
Je suis sincèrement désolé de toutes ces erreurs.
Je demande pardon du plus profond de mon cœur à toutes les âmes que mes ancêtres et moi-même avons blessées de ces façons.
Afin de me faire pardonner, je vivrai une vie de service inconditionnel.
Le chant et la méditation sont des services.
Je chanterai et méditerai autant que je le pourrai.
J'offrirai un service inconditionnel autant que je le pourrai.
J'accorde un pardon inconditionnel à tous ceux qui ont blessé ou importuné mes ancêtres ou ma personne, dans toutes nos vies.
Je suis extrêmement reconnaissant.
Merci.

Pouvoir du Mental. Visualisez une lumière dorée rayonnant dans et autour de la cinquième Maison de l'Âme.

Pouvoir de la Respiration. Inspirez et gonflez votre abdomen. Expirez et contractez votre abdomen. Assurez-vous d'inspirer et d'expirer avec douceur, régularité et naturel. Rappelez-vous que la durée et la profondeur de chaque inspiration et expiration dépendent de votre forme personnelle. Faites ce qui est naturel.

Pouvoir du Son. En chantant, nous le Pouvoir du Son au Pouvoir de la Respiration et à une visualisation plus précise du Pouvoir du Mental.

Étape 1

a. Inspirez. Visualisez une lumière dorée partant de votre nez pour descendre au centre de votre corps, où elle se concentre en une boule dans votre première Maison de l'Âme.

b. Expirez. Chantez « Xi » (prononcer *chi*), le son sacré de la cinquième Maison de l'Âme. Simultanément, la boule de lumière dorée se déplace, en tournant, de la première à la cinquième Maison de l'Âme, où elle explose et brille dans toutes les directions.

c. Accomplissez les étapes 1a et 1b sept fois de suite.

Étape 2

a. Inspirez. Visualisez une lumière dorée partant de votre nez pour descendre au centre de votre corps, où elle se concentre en une boule dans votre première Maison de l'Âme.

b. Expirez. Chantez « Xi Xi Xi ». La boule de lumière dorée se déplace, en tournant, de la première à la cinquième Maison de l'Âme, en traversant les deuxième, troisième et quatrième Maisons de l'Âme. Là, elle tourne sur elle-même, explose et brille dans toutes les directions.

c. Accomplissez les étapes 2a et 2b quatre fois de suite.

Étape 3

a. Inspirez. La boule de lumière dorée se forme dans votre première Maison de l'Âme.

b. Expirez. Chantez :

Xi Ya (prononcer *chi ya*)
Xi Ya Xi Ya You (prononcer *chi ya chi ya yō*)
Xi Ya Xi Ya You
Xi Ya Xi Ya Xi Ya You
Xi Ya Xi Ya Xi Ya Xi Ya You

Quand vous récitez ces cinq vers, inspirez rapidement à la fin de chacun d'eux et visualisez la boule de lumière dorée tourner comme suit :

Quand vous chantez le premier vers, la boule de lumière dorée effectue un va-et-vient de la première à la cinquième Maison de l'Âme, en traversant le Kun Gong, puis revient à la première Maison de l'Âme.

Quand vous chantez les vers 2 à 5, la boule de lumière dorée effectue un va-et-vient de la première à la cinquième Maison de l'Âme, en traversant le Kun Gong, puis revient à la première Maison de l'Âme. Quand vous chantez « You » dans ces vers, visualisez la boule de lumière dorée tracer un grand cercle. La boule entre dans la colonne vertébrale par un trou invisible devant le coccyx, puis monte le long de la colonne jusqu'à la zone occipitale, puis entre dans le cerveau et le traverse pour arriver à la septième Maison de l'Âme. À partir de là, elle redescend dans votre fosse nasale jusqu'au palais, puis traverse les cinquième, quatrième, troisième et deuxième Maisons de l'Âme pour revenir à la première.

c. Accomplissez les étapes 3a et 3b quatre fois de suite.

Vous pouvez chanter intérieurement ou à voix haute. Le mieux est de faire à la fois le chant yang et le chant yin chaque fois que vous pratiquez.

Pouvoir de la Calligraphie du Tao. Tracez *Da Ai,* le plus grand amour, ou *Da Kuan Shu,* le plus grand pardon. (Voir « Comment trouver d'autres Calligraphies du Tao pour pratiquer avec le Pouvoir de la Calligraphie du Tao » page 61.)

Quand vous tracez la calligraphie, le traçage devient votre Pouvoir du Corps. Vous pouvez associer le traçage de la calligraphie au Pouvoir du Mental, au Pouvoir du Son et/ou au Pouvoir de la Respiration, ou vous contenter de vous concentrer sur la Calligraphie.

Conclusion. Terminez votre séance de pratique en disant :

Hao. Hao. Hao.
Merci. Merci. Merci.

Sixième chakra ou Maison de l'Âme

Pouvoir du Corps. Posez une main sous le nombril. Posez l'autre main sur votre front, au niveau de la sixième Maison de l'Âme.

Pouvoir de l'Âme. Dites *bonjour* aux âmes internes :

Chers âme, cœur, conscience et corps de ma sixième Maison de l'Âme,
Je vous aime, je vous honore et je vous apprécie.
Vous avez le pouvoir de vous guérir et de vous régénérer.
Faites un bon travail.
Merci.

Dites *bonjour* aux âmes externes :

Chère Source du Tao, cher Divin,
Chers bouddhas, chers saints (vous pouvez nommer les saints en qui vous croyez),
Cher Ciel, chère Terre-Mère, et chers planètes, étoiles, galaxies et univers innombrables,
Je vous aime, je vous honore et je vous apprécie.
Veuillez pardonner mes ancêtres et moi-même pour toutes les erreurs, liées à la sixième Maison de l'Âme, que nous avons commises dans toutes nos vies.

Je suis sincèrement désolé de toutes ces erreurs.
Je demande pardon du plus profond de mon cœur à toutes les âmes que mes ancêtres et moi-même avons blessées de ces façons.
Afin de me faire pardonner, je vivrai une vie de service inconditionnel.
Le chant et la méditation sont des services.
Je chanterai et méditerai autant que je le pourrai.
J'offrirai un service inconditionnel autant que je le pourrai.
J'accorde un pardon inconditionnel à tous ceux qui ont blessé ou importuné mes ancêtres ou ma personne, dans toutes nos vies.
Je suis extrêmement reconnaissant.
Merci.

Pouvoir du Mental. Visualisez une lumière dorée rayonnant dans et autour de la sixième Maison de l'Âme.

Pouvoir de la Respiration. Inspirez et gonflez votre abdomen. Expirez et contractez votre abdomen. Assurez-vous d'inspirer et d'expirer avec douceur, régularité et naturel. Rappelez-vous que la durée et la profondeur de chaque inspiration et expiration dépendent de votre forme personnelle. Faites ce qui est naturel.

Pouvoir du Son. En chantant, nous combinons le Pouvoir du Son au Pouvoir de la Respiration et à une visualisation plus précise du Pouvoir du Mental.

Étape 1

a. Inspirez. Visualisez une lumière dorée partant de votre nez pour descendre au centre de votre corps, où elle se concentre en une boule dans votre première Maison de l'Âme.

b. Expirez. Chantez « Yi » (prononcer *yi*), le son sacré de la sixième Maison de l'Âme. Simultanément, la boule de lumière dorée se déplace, en tournant, de la première à la sixième Maison de l'Âme, où elle explose et brille dans toutes les directions.

c. Accomplissez les étapes 1a et 1b sept fois de suite.

Étape 2

a. Inspirez. Visualisez une lumière dorée partant de votre nez pour descendre au centre de votre corps, où elle se concentre en une boule dans votre première Maison de l'Âme.

b. Expirez. Chantez « Yi Yi Yi ». La boule de lumière dorée se déplace, en tournant, de la première à la sixième Maison de l'Âme, en traversant les deuxième, troisième, quatrième et cinquième Maisons de l'Âme. Là, elle tourne sur elle-même, explose et brille dans toutes les directions.

c. Accomplissez les étapes 2a et 2b quatre fois de suite.

Étape 3

a. Inspirez. La boule de lumière dorée se forme dans votre première Maison de l'Âme.

b. Expirez. Chantez :

Yi Ya (prononcer *yi ya*)
Yi Ya Yi Ya You (prononcer *yi ya yi ya yō*)
Yi Ya Yi Ya You
Yi Ya Yi Ya Yi Ya You
Yi Ya Yi Ya Yi Ya Yi Ya You

Quand vous récitez ces cinq vers, inspirez rapidement à la fin de chacun d'eux et visualisez la boule de lumière dorée tourner comme suit :

Quand vous chantez le premier vers, la boule de lumière dorée effectue un va-et-vient, de la première à la sixième Maison de l'Âme, en traversant le Kun Gong, puis revient à la première Maison de l'Âme.

Quand vous chantez les vers 2 à 5, la boule de lumière dorée effectue un va-et-vient, de la première à la sixième Maison de l'Âme, en traversant le Kun Gong, puis revient à la première Maison de l'Âme. Quand vous chantez « You » dans ces vers, visualisez la boule de lumière dorée tracer un grand cercle. La boule entre dans la colonne vertébrale par un trou invisible devant le coccyx, puis monte le long de la colonne jusqu'à la zone occipitale, puis entre dans le cerveau et le traverse pour arriver à la septième Maison de l'Âme. À partir de là, elle redescend dans votre fosse nasale jusqu'au palais, puis traverse les cinquième, quatrième, troisième et deuxième Maisons de l'Âme pour revenir à la première.

c. Accomplissez les étapes 3a et 3b quatre fois de suite.

Vous pouvez chanter intérieurement ou à voix haute. Le mieux est de faire à la fois le chant yang et le chant yin chaque fois que vous pratiquez.

Pouvoir de la Calligraphie du Tao. Tracez *Da Ai*, le plus grand amour, ou *Da Kuan Shu*, le plus grand pardon. (Voir « Comment trouver d'autres Calligraphies du Tao pour pratiquer avec le Pouvoir de la Calligraphie du Tao » page 61.)

Quand vous tracez la calligraphie, le traçage devient votre Pouvoir du Corps. Vous pouvez associer le traçage de la calligraphie au Pouvoir du Mental, au Pouvoir du Son et/ou au Pouvoir de la Respiration, ou vous contenter de vous concentrer sur la Calligraphie.

Conclusion. Terminez votre séance de pratique en disant :

> *Hao. Hao. Hao.*
> *Merci. Merci. Merci.*

Septième chakra ou Maison de l'Âme

Pouvoir du Corps. Posez une main sous le nombril. Posez l'autre main sur le point d'acupuncture Bai Hui, au sommet de la tête.

Pouvoir de l'Âme. Dites *bonjour* aux âmes internes :

> *Chers âme, cœur, conscience et corps de ma septième Maison de l'Âme,*
> *Je vous aime, je vous honore et je vous apprécie.*
> *Vous avez le pouvoir de vous guérir et de vous régénérer.*
> *Faites un bon travail.*
> *Merci.*

Dites *bonjour* aux âmes externes :

> *Chère Source du Tao, cher Divin,*
> *Chers bouddhas, chers saints* (vous pouvez nommer les saints en qui vous croyez),
> *Cher Ciel, chère Terre-Mère, et chers planètes, étoiles, galaxies et univers innombrables,*
> *Je vous aime, je vous honore et je vous apprécie.*
> *Veuillez pardonner mes ancêtres et moi-même pour toutes les erreurs, liées à la septième Maison de l'Âme, que nous avons commises, dans toutes nos vies.*

Je suis sincèrement désolé de toutes ces erreurs.
Je demande pardon du plus profond de mon cœur à toutes les âmes que mes ancêtres et moi-même avons blessées de ces façons.
Afin de me faire pardonner, je vivrai une vie de service inconditionnel.
Le chant et la méditation sont des services.
Je chanterai et méditerai autant que je le pourrai.
J'offrirai un service inconditionnel autant que je le pourrai.
J'accorde un pardon inconditionnel à tous ceux qui ont blessé ou importuné mes ancêtres ou ma personne, dans toutes nos vies.
Je suis extrêmement reconnaissant.
Merci.

Pouvoir du Mental. Visualisez une lumière dorée rayonnant dans et autour de la septième Maison de l'Âme.

Pouvoir de la Respiration. Inspirez et gonflez votre abdomen. Expirez et contractez votre abdomen. Assurez-vous d'inspirer et d'expirer avec douceur, régularité et naturel. Rappelez-vous que la durée et la profondeur de chaque inspiration et expiration dépendent de votre forme personnelle. Faites ce qui est naturel.

Pouvoir du Son. En chantant, nous combinons le Pouvoir du Son au Pouvoir de la Respiration et à une visualisation plus précise du Pouvoir du Mental.

Étape 1

a. Inspirez. Visualisez une lumière dorée partant de votre nez pour descendre au centre de votre corps, où elle se concentre en une boule dans votre première Maison de l'Âme.

b. Expirez. Chantez « Weng » (prononcer *wong*). La boule de lumière dorée se déplace, en tournant, de la première à la septième Maison de l'Âme en traversant les deuxième, troisième, quatrième, cinquième et sixième Maisons de l'Âme. Là, elle tourne sur elle-même, explose et brille dans toutes les directions.

c. Accomplissez les étapes 1a et 1b sept fois de suite.

Étape 2

a. Inspirez. Visualisez une lumière dorée partant de votre nez pour descendre au centre de votre corps, où elle se concentre en une boule dans votre première Maison de l'Âme.

b. Expirez. Chantez « Weng Weng Weng ». La boule de lumière dorée roule vers le haut, de la première à la septième Maison de l'Âme en traversant la deuxième, la troisième, la quatrième, la cinquième et la sixième, puis pivote et explose dans toutes les directions.

c. Accomplissez les étapes 2a et 2b quatre fois de suite.

Étape 3

a. Inspirez. La boule de lumière dorée se forme dans votre première Maison de l'Âme.

b. Expirez. Chantez :

Weng Ya (prononcer *wong ya*)
Weng Ya Weng Ya You (prononcer *wong ya wong ya yō*)
Weng Ya Weng Ya You
Weng Ya Weng Ya Weng Ya You
Weng Ya Weng Ya Weng Ya Weng Ya You

Quand vous récitez ces cinq vers, inspirez rapidement à la fin de chacun d'eux et visualisez la boule de lumière dorée tourner comme suit :

Quand vous chantez le premier vers, la boule de lumière dorée effectue un va-et-vient de la première à la septième Maison de l'Âme, en traversant le Kun Gong, puis revient à la première Maison de l'Âme.

Quand vous chantez les vers 2 à 5, la boule de lumière dorée effectue un va-et-vient de la première à la septième Maison de l'Âme, en traversant le Kun Gong, puis revient à la première Maison de l'Âme. Quand vous chantez « You » dans ces vers, visualisez la boule de lumière dorée tracer un grand cercle. La boule entre dans la colonne vertébrale par un trou invisible devant le coccyx, puis monte le long de la colonne jusqu'à la zone occipitale, puis entre dans le cerveau et le traverse pour arriver à la septième Maison de l'Âme. À partir de là, elle redescend dans votre fosse nasale jusqu'au palais, puis traverse les cinquième, quatrième, troisième et deuxième Maisons de l'Âme pour revenir à la première.

c. Accomplissez les étapes 3a et 3b quatre fois de suite.

Vous pouvez chanter intérieurement ou à voix haute. Le mieux est de faire à la fois le chant yang et le chant yin chaque fois que vous pratiquez.

Pouvoir de la Calligraphie du Tao. Tracez *Da Ai,* le plus grand amour, ou *Da Kuan Shu,* le plus grand pardon. (Voir « Comment trouver d'autres Calligraphies du Tao pour pratiquer avec le Pouvoir de la Calligraphie du Tao » page 61.)

Quand vous tracez la calligraphie, le traçage devient votre Pouvoir du Corps. Vous pouvez associer le traçage de la calligraphie au Pouvoir du Mental, au Pouvoir du Son et/ou au Pouvoir de la Respiration, ou vous contenter de vous concentrer sur la Calligraphie.

Conclusion. Terminez votre séance de pratique en disant :

Hao. Hao. Hao.
Merci. Merci. Merci.

Le Wai Jiao

Pouvoir du Corps. Posez une main sous le nombril. Posez l'autre main sur le point d'acupuncture Ming Men, dans le dos, juste derrière le nombril.

Pouvoir de l'Âme. Dites *bonjour* aux âmes internes :

Chers âme, cœur, conscience et corps de mon Wai Jiao (prononcer *ouaï ji-iaou*),
Je vous aime, je vous honore et je vous apprécie.
Vous avez le pouvoir de vous guérir et de vous régénérer.
Faites un bon travail.
Merci.

Dites *bonjour* aux âmes externes :

Chère Source du Tao, cher Divin,
Chers bouddhas, chers saints (vous pouvez nommer les saints en qui vous croyez),
Cher Ciel, chère Terre-Mère, et chers planètes, étoiles, galaxies et univers innombrables,
Je vous aime, je vous honore et je vous apprécie.

Veuillez pardonner mes ancêtres et moi-même pour toutes les erreurs, liées au Wai Jiao, que nous avons commises dans toutes nos vies.
Je suis sincèrement désolé de toutes ces erreurs.
Je demande pardon du plus profond de mon cœur à toutes les âmes que mes ancêtres et moi-même avons blessées de ces façons.
Afin de me faire pardonner, je vivrai une vie de service inconditionnel.
Le chant et la méditation sont des services.
Je chanterai et méditerai autant que je le pourrai.
J'offrirai un service inconditionnel autant que je le pourrai.
J'accorde un pardon inconditionnel à tous ceux qui ont blessé ou importuné mes ancêtres ou ma personne, dans toutes nos vies.
Je suis extrêmement reconnaissant.
Merci.

Pouvoir du Mental. Visualisez une lumière dorée rayonnant dans et autour du Wai Jiao.

Pouvoir de la Respiration. Inspirez et gonflez votre abdomen. Expirez et contractez votre abdomen. Assurez-vous d'inspirer et d'expirer avec douceur, régularité et naturel. Rappelez-vous que la durée et la profondeur de chaque inspiration et expiration dépendent de votre forme personnelle. Faites ce qui est naturel.

Pouvoir du Son. En chantant, nous combinons le Pouvoir du Son au Pouvoir de la Respiration et à une visualisation plus précise du Pouvoir du Mental.

Étape 1

a. Inspirez. Visualisez une lumière dorée partant de votre nez pour descendre au centre de votre corps, où elle se concentre en une boule dans votre première Maison de l'Âme.

b. Expirez. Chantez « You », le son sacré du Wai Jiao et du point Ming Men. Simultanément, la boule de lumière dorée se déplace, en tournant, de la première Maison de l'Âme jusqu'au point Ming Men, où elle explose et brille dans toutes les directions.

c. Accomplissez les étapes 1a et 1b sept fois de suite.

Étape 2

a. Inspirez. Visualisez une lumière dorée partant de votre nez pour descendre au centre de votre corps, où elle se concentre en une boule dans votre première Maison de l'Âme.

b. Expirez. Chantez « You You You ». La boule de lumière dorée se déplace, en tournant, de la première Maison de l'Âme jusqu'au point Ming Men, où là, elle tourne sur elle-même, explose et brille dans toutes les directions.

c. Accomplissez les étapes 2a et 2b quatre fois de suite.

Étape 3

a. Inspirez. La boule de lumière dorée se forme dans votre première Maison de l'Âme.

b. Expirez. Chantez :

   You Ya (prononcer *yō ya*)
   You Ya You Ya You (prononcer *yō yah yō yah yō*)
   You Ya You Ya You
   You Ya You Ya You Ya You
   You Ya You Ya You Ya You Ya You

   Quand vous récitez ces cinq vers, inspirez rapidement à la fin de chacun d'eux et visualisez la boule de lumière dorée tourner comme suit :

   Quand vous chantez le premier vers, la boule de lumière dorée effectue un petit cercle partant de la première Maison de l'Âme jusqu'au point Ming Men, redescendant jusqu'au Kun Gong et revenant à la première Maison de l'Âme.

   Quand vous chantez les vers 2 à 5, la boule de lumière dorée effectue un petit cercle partant de la première Maison de l'Âme jusqu'au point Ming Men, redescendant jusqu'au Kun Gong et revenant à la première Maison de l'Âme. Quand vous chantez « You » à la fin de chaque vers, visualisez la boule de lumière dorée tracer un grand cercle. La boule quitte la première Maison de l'Âme, entre dans la colonne vertébrale par un trou invisible devant le coccyx, puis monte le long de la colonne jusqu'à la zone occipitale, entre dans le cerveau et le traverse pour arriver à la septième Maison de l'Âme. À partir de là, elle redescend dans votre fosse nasale jusqu'au palais, puis traverse les cinquième, quatrième, troisième et deuxième Maisons de l'Âme pour revenir à la première Maison de l'Âme.

c. Accomplissez les étapes 3a et 3b quatre fois de suite.

Vous pouvez chanter intérieurement ou à voix haute. Le mieux est de faire à la fois le chant yang et le chant yin chaque fois que vous pratiquez.

Pouvoir de la Calligraphie du Tao. Tracez *Da Ai,* le plus grand amour, ou *Da Kuan Shu,* le plus grand pardon. (Voir « Comment trouver d'autres Calligraphies du Tao pour pratiquer avec le Pouvoir de la Calligraphie du Tao » page 61.)

Quand vous tracez la calligraphie, le traçage devient votre Pouvoir du Corps. Vous pouvez associer le traçage de la calligraphie au Pouvoir du Mental, au Pouvoir du Son et/ou au Pouvoir de la Respiration, ou vous contenter de vous concentrer sur la Calligraphie.

Conclusion. Terminez votre séance de pratique en disant :

Hao. Hao. Hao.
Merci. Merci. Merci.

ꙮ ꙮ ꙮ

Ce chapitre a partagé les pratiques sacrées de guérison et de transformation des sept chakras (Maisons de l'Âme) et du Wai Jiao en appliquant les six techniques sacrées du pouvoir du Tao.

Pratiquez. Pratiquez. Pratiquez.

Vivez la transformation.

Les Canaux Shen Qi Jing

COMME LE DIT la Loi du Shen Qi Jing, tout et tout le monde est composé de shen qi jing. Dans le corps humain, il y a un canal principal pour chacun des trois composants d'un être. Le Canal Shen est le principal canal de l'âme. Le Canal Qi est le principal canal de l'énergie. Le Canal Jing est le principal canal de la matière. Dans la mesure où les shen qi jing de quelqu'un sont interconnectés et interreliés, tous trois jouent un rôle vital dans la guérison et la transformation. Nettoyez, purifiez, renforcez, fortifiez et éveillez les Canaux Shen Qi Jing pour guérir et transformer tous les aspects de votre vie.

Le Canal Qi

Le Canal Qi est le principal canal d'énergie d'un corps humain. Voir illustration 17.

Le Canal Qi commence au point d'acupuncture Hui Yin sur le périnée, à la base de la première Maison de l'Âme. Il monte dans le canal central du corps et traverse les deuxième, troisième, quatrième, cinquième et sixième Maisons de l'Âme jusqu'au point d'acupuncture Bai Hui, au sommet de la tête et à la base de la septième Maison de l'Âme. À partir de là, le Canal Qi redescend dans le Wai Jiao, jusqu'à la première Maison de l'Âme. Le Wai Jiao est composé de l'espace à l'avant de la colonne vertébrale et de la boîte crânienne. C'est le plus grand espace du corps. Voir illustration 15, page 92.

Notez que le Canal Qi est unidirectionnel. La circulation correcte du qi dans ce canal suit la direction décrite ci-dessus et indiquée par les flèches sur l'illustration 17.

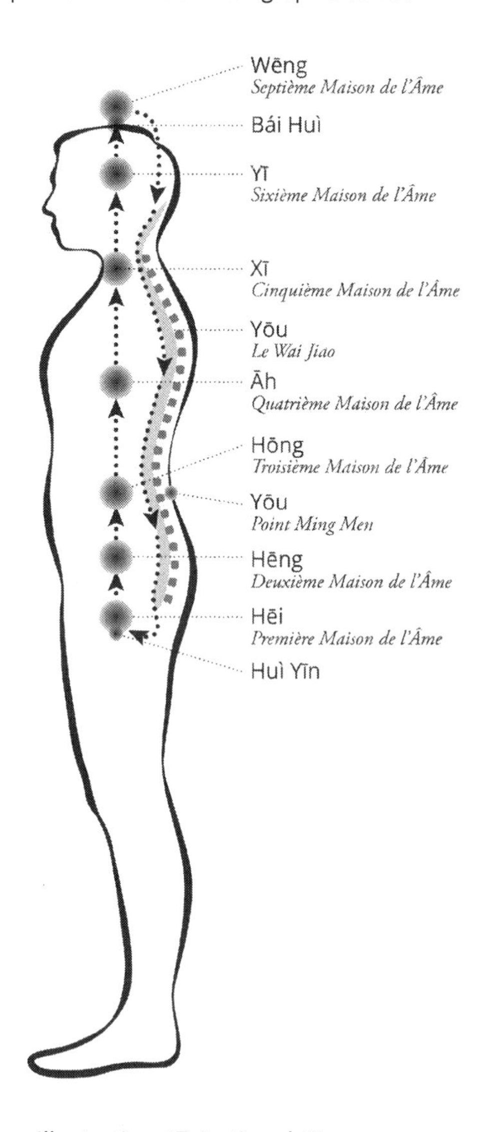

Illustration 17. Le Canal Qi

Le Canal Qi est la clé du soulagement de toute maladie.

Le mantra sacré et secret du Canal Qi est :

Hei Heng Hong Ah Xi Yi Weng You
嘿哼哄啊唏噎嗡呦

Le Canal Qi est le circuit des sept Maisons de l'Âme, du San Jiao et du Wai Jiao. « Hei Heng Hong Ah Xi Yi Weng You » rassemble tous les mantras secrets de ce circuit. Par conséquent, non seulement ce mantra purifie et élimine les blocages shen qi jing du Canal Qi, mais il élimine aussi les blocages shen qi jing de chacune des Maisons de l'Âme, du San Jiao et du Wai Jiao, qu'il renforce. Plus vous récitez ce mantra et plus vous recevrez de bienfaits sur ce circuit.

Le Canal Jing

Le Canal Jing est le principal canal de matière d'un corps humain. La circulation s'y effectue dans la direction opposée à celle du Canal Qi. Voir illustration 18 ci-dessous.

À l'instar du Canal Qi, le Canal Jing commence au point d'acupuncture Hui Yin sur le périnée, mais monte ensuite vers l'arrière jusqu'au coccyx, traverse un trou invisible dans le coccyx et rejoint la colonne vertébrale. Il remonte ensuite dans la colonne vertébrale jusqu'au cerveau puis au point d'acupuncture Bai Hui, au sommet de la tête. De là, il redescend le canal central en traversant les sixième, cinquième, quatrième, troisième, deuxième et première Maisons de l'Âme, pour revenir au point d'acupuncture Hui Yin.

Le Canal Jing est la clé de la régénération et de la longévité.

Le montra sacré et secret du Canal Jing est :

You Weng Yi Xi Ah Hong Heng Hei
呦嗡噎唏啊哄哼嘿

Quand vous chantez *You Weng Yi Xi Ah Hong Heng Hei,* vous nettoyez le circuit sacré de la régénération et de la longévité. Comme le Canal Qi et le Canal Jing ont des circuits semblables, le mantra sacré du Canal Jing peut aussi éliminer des blocages du shen qi jing et renforcer chaque Maison de l'Âme ainsi que le San Jiao et le Wai Jiao. C'est pourquoi je vous conseille de réciter souvent le mantra du Canal Jing, pour recevoir plus de bienfaits dans ces espaces vitaux du corps.

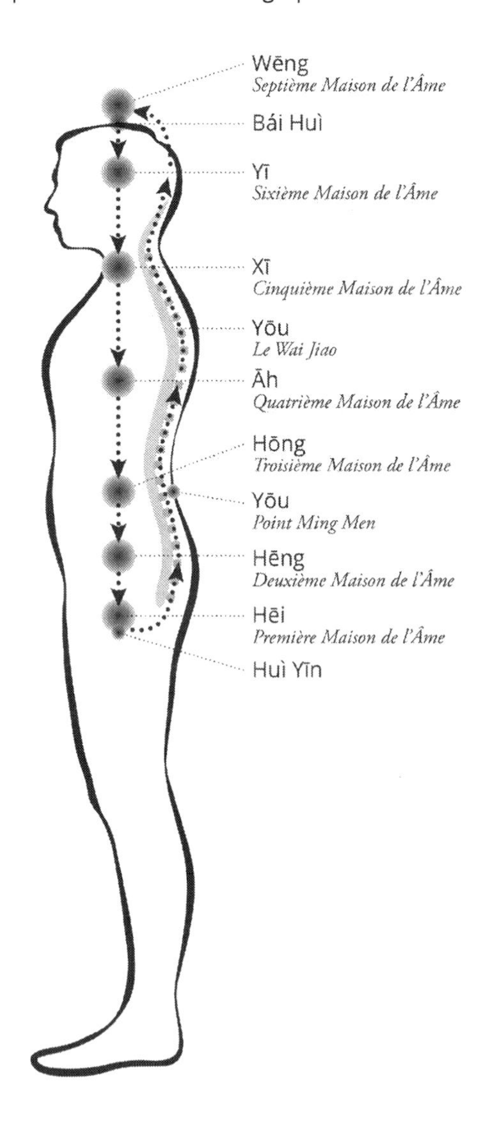

Illustration 18. Le Canal Jing

Le Canal Shen

Le Canal Shen est le circuit de l'immortalité. Il commence simultanément au niveau de deux points : (1) le point d'acupuncture Bai Hui, à la base de la septième Maison de l'Âme, et (2) le point d'acupuncture Hui Yin à la base de la première Maison de l'Âme. Voir illustration 19 ci-dessous.

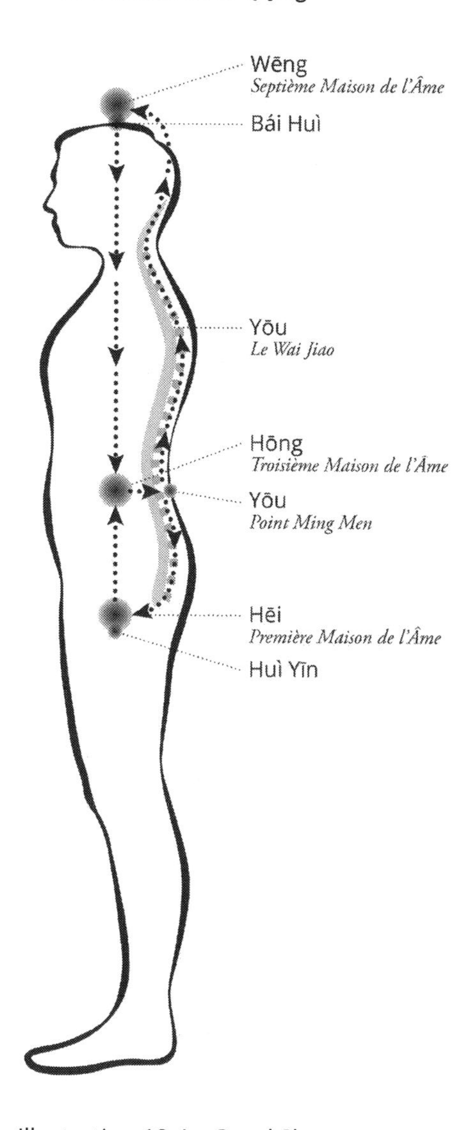

Illustration 19. Le Canal Shen

Les points Bai Hui et Hui Yin sont respectivement les points où se rassemblent tout le yang et tout le yin du corps. Comme vous l'avez appris dans le chapitre précédent, les mantras secrets de ces deux points et des Maisons de l'Âme qu'ils soutiennent sont respectivement Weng et Hei.

À partir du point Bai Hui au sommet de la tête et du point Hui Yin à la base du tronc, le Canal Shen circule dans le canal central, à la fois du haut vers le bas à partir de la septième Maison de l'Âme et à la fois du bas vers le haut à partir de la première Maison de l'Âme, pour se réunir derrière le nombril, dans la troisième Maison de l'Âme, avec le mantra secret Hong. À partir de là, il ne forme plus qu'un et circule jusqu'au point d'acupuncture Ming Men[21] où il se divise. Une partie entre dans la colonne vertébrale pour remonter jusqu'au point d'acupuncture Bai Hui. L'autre partie entre dans la colonne vertébrale pour redescendre au point d'acupuncture Hui Yin, le tout avec le mantra secret You.

Par conséquent, le montra sacré et secret du Canal Shen est :

Weng Hei Hong You
嗡嘿哄呦

Le mantra secret Weng relie au Ciel. Le mantra secret Hei relie à la Terre-Mère. Le mantra secret Hong relie à un être humain. Le mantra secret You relie au Tao. Quand vous chantez *Weng Hei Hong You,* les shen qi jing du Ciel, de la Terre-Mère, de l'être humain et du Tao s'unissent. Quand ren di tian Dao (*l'être humain, la Terre-Mère, le Ciel, le Tao*) s'unissent, on atteint l'immortalité. Ce mantra sacré se pratique donc pour atteindre l'immortalité.

Pouvoir et Signification des Canaux Shen Qi Jing

Je vais résumer le pouvoir et la signification ces trois canaux.

- Le Canal Qi permet de soulager toutes les maladies.
- Le Canal Jing permet la régénération et la longévité.
- Le Canal Shen permet d'accéder à l'immortalité.

Quand vous pratiquez avec les Canaux Shen Qi Jing, il n'y a pas de limite. Vous pouvez pratiquer quelques minutes à la fois avec chaque canal. Vous pouvez pratiquer avec chaque canal pendant une demi-heure, une heure, ou plus. Plus vous pratiquez longtemps, plus vous en recevrez les bienfaits.

---

[21] « Ming » signifie *la vie.* « Men » signifie *le portail.* Le point d'acupuncture Ming Men est *le portail de la vie.* Il est situé dans le dos, juste derrière le nombril. Voir illustration 15, page 92.

Pratiquez. Pratiquez. Pratiquez.

Faites-en l'expérience. Faites-en l'expérience. Faites-en l'expérience.

Mettons à présent en pratique les six techniques sacrées du pouvoir du Tao pour guérir et transformer les Canaux Shen Qi Jing.

Pratiquer avec les Canaux Shen Qi Jing pour la guérison et la transformation

Pouvoir du Corps. Posez vos mains en position yin-yang sur le bas-ventre, en dessous du nombril. Voir illustration 16, page 98.

Pouvoir de l'Âme. Dites *bonjour* aux âmes internes :

Chers âme, cœur, conscience et corps de mes Canaux Shen Qi Jing,
Je vous aime, je vous honore et je vous apprécie.
Vous avez le pouvoir de purifier et d'éliminer les blocages de mon shen qi jing afin de guérir, de régénérer, de prolonger la vie et de développer la sagesse dans tous les aspects de ma vie.
Vous avez le pouvoir de vous ouvrir pleinement et de vous développer.
Faites un bon travail.
Merci de me bénir.
Je suis très reconnaissant.

Dites *bonjour* aux âmes externes :

Chère Source du Tao, cher Divin,
Chers bouddhas, chers saints (vous pouvez nommer les saints en qui vous croyez),
Cher Ciel, chère Terre-Mère, et chers planètes, étoiles, galaxies et univers innombrables,
Je vous aime, je vous honore et je vous apprécie.
Veuillez pardonner mes ancêtres et moi-même pour toutes les erreurs, liées aux Canaux Shen Qi Jing, que nous avons commises dans toutes nos vies.
Je suis sincèrement désolé de toutes ces erreurs.
Je demande pardon du plus profond de mon cœur à toutes les âmes que mes ancêtres et moi-même avons blessées de ces façons.
Afin de me faire pardonner, je vivrai une vie de service inconditionnel.
Le chant et la méditation sont des services.

Je chanterai et méditerai autant que je le pourrai.
J'offrirai un service inconditionnel autant que je le pourrai.
J'accorde un pardon inconditionnel à tous ceux qui ont blessé ou importuné mes ancêtres ou ma personne, dans toutes nos vies.
Je suis extrêmement reconnaissant.
Merci.

Pouvoir du Mental. Visualisez une lumière dorée brillant dans et autour de la zone où vous souhaitez recevoir guérison et régénération.

Pouvoir de la Respiration. Inspirez et gonflez votre abdomen. Expirez et contractez votre abdomen. Assurez-vous d'inspirer et d'expirer avec douceur, régularité et naturel. Rappelez-vous que la durée et la profondeur de chaque inspiration et expiration dépendent de votre forme personnelle.

Pouvoir du Son. En chantant, nous combinons le Pouvoir du Son au Pouvoir de la Respiration et à une visualisation plus précise du Pouvoir du Mental. Regardez la vidéo avec mon chant qui a été créé pour vous, pour cette pratique et toutes les pratiques essentielles de ce livre.

Le Canal Qi

a. Inspirez. Visualisez une lumière dorée partant de votre nez pour descendre au centre de votre corps, où elle se concentre en une boule dans votre première Maison de l'Âme.

b. Expirez. Chantez « Hei Heng Hong Ah Xi Yi Weng You » (prononcer *hey heing hong ah chi yi wong yô*). Simultanément, la boule dorée suit le chemin du Canal du Qi : elle se déplace, en tournant, jusqu'au point d'acupuncture Bai Hui, puis traverse le Wai Jiao pour redescendre jusqu'à la première Maison de l'Âme.

c. Pratiquez les étapes ci-dessus quatre fois.

Le Canal Jing

a. Inspirez. Visualisez une lumière dorée partant de votre nez pour descendre au centre de votre corps, où elle se concentre en une boule dans votre première Maison de l'Âme.

b. Expirez. Chantez « You Weng Yi Xi Ah Hong Heng Hei » (prononcer *yô wong yi chi ah hong heing hey*). Simultanément, la boule dorée suit le chemin du Canal Jing : elle se déplace, en tournant, de la première Maison de l'Âme vers le haut du coccyx, puis le long de la colonne vertébrale jusqu'au cerveau et au point d'acupuncture Bai Hui. De là, elle redescend le canal central en traversant les sixième, cinquième, quatrième, troisième et deuxième Maisons de l'Âme, pour revenir à la première Maisons de l'Âme.

c. Pratiquez les étapes ci-dessus quatre fois.

Le Canal Shen

a. Inspirez. La lumière dorée part de votre nez pour descendre au centre de votre corps, où elle se concentre en une boule dans votre première Maison de l'Âme.

b. Expirez. Chantez « Weng Hei Hong You » (prononcer *wong hey hong yô*). La boule de lumière se divise en deux boules : une au point d'acupuncture Bai Hui, à la base de la septième Maison de l'Âme, et une au point d'acupuncture Hui Yin à la base de la première Maison de l'Âme. À partir de ces deux points, les boules dorées suivent le circuit du Canal Shen. Elles se déplacent, en tournant, dans le canal central, à partir de la septième et de la première Maison de l'Âme, pour se rejoindre derrière le nombril, dans la troisième Maison de l'Âme, où elles ne forment plus qu'une seule boule de lumière.

   À partir de là, la boule va au point d'acupuncture Ming Men, où elle se divise à nouveau en deux boules, une qui remonte dans la colonne vertébrale jusqu'au point d'acupuncture Bai Hui, et l'autre qui descend dans la colonne vertébrale jusqu'au point d'acupuncture Hui Yin.

c. Pratiquez les étapes ci-dessus quatre fois.

Vous pouvez chanter intérieurement ou à voix haute. Le mieux est de faire à la fois le chant yang et le chant yin chaque fois que vous pratiquez.

Pouvoir de la Calligraphie du Tao. Tracez *Da Ai*, le plus grand amour, ou *Da Kuan Shu*, le plus grand pardon. (Voir « Comment trouver d'autres Calligraphies du Tao pour pratiquer avec le Pouvoir de la Calligraphie du Tao » page 61.)

Quand vous tracez la calligraphie, le traçage devient votre Pouvoir du Corps. Vous pouvez associer le traçage de la calligraphie au Pouvoir du

Mental, au Pouvoir du Son et/ou au Pouvoir de la Respiration, ou vous contenter de vous concentrer sur la Calligraphie.

Conclusion. Terminez votre séance de pratique en disant :

Hao. Hao. Hao.
Merci. Merci. Merci.

ഇ ഈ ര

Vous pouvez les pratiquer par tranches de cinq à dix minutes. Vous pouvez les pratiquer par tranches d'une demi-heure, d'une heure ou plus. Il n'y a pas de limite de temps. Plus vous pratiquez longtemps, plus vous en recevrez les bienfaits.

Pratiquez. Pratiquez. Pratiquez.

Vivez la transformation.

Mettre en Pratique les Six Techniques Sacrées du Pouvoir du Tao pour Guérir et Transformer les Relations

LES RELATIONS SONT DES questions très importantes pour l'humanité. Des millions de gens ont de bonnes relations. Des millions de gens ont des problèmes relationnels.

Il existe de nombreux types de relations, qui incluent celles avec un mari, une femme, des enfants, des parents, des grands-parents, des petits-enfants, un patron, des collègues et des amis. Chacun de nous est affecté par des relations entre différentes organisations ainsi qu'entre des villes et des pays. Parmi les relations personnelles extrêmement importantes, il y a aussi celles avec vos enseignants spirituels physiques, ainsi qu'avec vos pères et mères spirituels et autres guides spirituels dans le Ciel.

Au cours d'une vie, il peut y avoir de nombreux problèmes relationnels. Certaines personnes ont des difficultés avec leurs parents. D'autres, avec leurs enfants. D'autres encore, avec leurs collègues ou leur patron. Les gens se demandent souvent pourquoi ils ont ces problèmes.

Rares sont ceux qui n'ont eu aucun problème relationnel dans leur vie. Certains ont des problèmes relationnels tout au long de leur vie. Certains ne parviennent pas à trouver l'amour, accumulant ruptures ou divorces. Certains enfants sont maltraités par leurs parents.

Certains parents peuvent être maltraités par leurs enfants. D'autres personnes peuvent être trompées par leurs associés. Les problèmes relationnels sont très répandus sur la Terre-Mère.

Quelle est la cause primordiale de ces blocages dans les relations ? En une phrase :

La cause primordiale des blocages dans les relations est le shen qi jing négatif de cette vie et de toutes les vies antérieures.

Vous avez le pouvoir d'enlever les blocages du shen qi jing négatif des vies antérieures et de cette vie dans toutes vos relations. Le pardon est la clé. Pardonner et se faire pardonner pour les erreurs commises au sein des relations, dans les vies antérieures comme dans cette vie, c'est guérir toutes ses relations.

Selon la sagesse sacrée, les blocages relationnels s'accumulent principalement dans le Centre des Messages (le chakra du cœur, ou quatrième Maison de l'Âme). Équilibrer les émotions dans toutes les formes de relations, c'est guérir le shen qi jing négatif des blocages relationnels au sein du Centre des Messages, en les transformant en shen qi jing positif.

Mettons à présent en pratique les six techniques sacrées du pouvoir du Tao pour pratiquer Da Kuan Shu, le plus grand pardon, et guérir et transformer les relations. J'insiste sur le pouvoir et la signification de Da Kuan Shu :

La deuxième des Dix Plus Grandes qualités du Tao est le plus grand pardon.
Je vous pardonne.
Vous me pardonnez.
Amour, paix et harmonie.

Pouvoir du Corps. Posez une main sur le Centre des Messages. Posez l'autre main sur le bas-ventre, sous le nombril.

Pouvoir de l'Âme. Dites *bonjour* à vos âmes internes et à celles de l'autre personne :

Chers âme, cœur, conscience et corps de mon être et de (nom de la/des personne(s) avec qui vous avez besoin de guérir et de transformer

votre relation) *et chers âme, cœur, conscience et corps de ma/mes relation(s) avec vous,*
Je vous aime, je vous honore et je vous apprécie.
Veuillez pardonner mes ancêtres et moi-même pour toutes les erreurs que nous avons commises dans toutes nos vies et qui ont nui ou blessé vous ou vos ancêtres, de quelque manière que ce soit.
Je suis sincèrement désolé de toutes ces erreurs.
Je vous accorde mon pardon entier, complet et inconditionnel, à vous et à vos ancêtres, pour tout le mal que vous avez pu nous faire, à mes ancêtres ou à moi-même, dans toutes nos vies.
Merci.

Dites *bonjour* aux âmes externes :

Chère Source du Tao, cher Divin,
Chers bouddhas, chers saints (vous pouvez nommer les saints en qui vous croyez),
Cher Ciel, chère Terre-Mère, et chers planètes, étoiles, galaxies et univers innombrables,
Je vous aime, je vous honore et je vous apprécie.
Veuillez nous pardonner, mes ancêtres et moi-même, pour toutes les erreurs et blessures que nous avons causées dans toutes nos vies et liées aux blocages de shen qi jing négatif créés dans différentes relations.
Je demande pardon du plus profond de mon cœur à vous et à toutes les âmes que mes ancêtres et moi-même avons blessées de ces façons.
Afin de me faire pardonner, je vivrai une vie de service inconditionnel.
Le chant et la méditation sont des services.
Je chanterai et méditerai autant que je le pourrai.
J'offrirai un service inconditionnel autant que je le pourrai.
J'accorde un pardon inconditionnel à tous ceux qui ont blessé ou importuné mes ancêtres ou ma personne, dans toutes nos vies.
Je suis extrêmement reconnaissant.
Merci.

Pouvoir du Mental. Visualisez une lumière dorée qui vous relie, vous, vos ancêtres, et les personnes (ou animaux, organisations, villes, pays, etc.) à qui vous avez demandé pardon.

Pouvoir de la Respiration. Inspirez et gonflez votre abdomen. Expirez et contractez votre abdomen. Assurez-vous d'inspirer et d'expirer avec douceur, régularité et naturel. Rappelez-vous que la durée et la profondeur de chaque inspiration et expiration dépendent de votre forme personnelle. Ne forcez pas. La respiration naturelle est la meilleure.

Pouvoir du Son. En chantant, nous combinons le Pouvoir du Son au Pouvoir de la Respiration et à une visualisation plus précise du Pouvoir du Mental. Voir la vidéo de cette pratique qui inclut mon chant.

Étape 1

a. Inspirez. Visualisez une lumière dorée partant de votre nez pour descendre au centre de votre corps jusqu'en bas du tronc, où elle se concentre en une boule, dans votre première Maison de l'Âme.

b. Expirez. Chantez « Kuan Shu » (prononcer *kouane chou*). Simultanément, visualisez la boule de lumière dorée se déplacer, en tournant, de la première Maison de l'Âme jusqu'au Centre des Messages (chakra du cœur), où elle explose et brille dans toutes les directions.

c. Accomplissez les étapes 1a et 1b sept fois de suite.

Étape 2

a. Inspirez. La lumière dorée part de votre nez pour descendre dans le canal central et se concentre en une boule dans votre première Maison de l'Âme.

b. Expirez. Chantez « Kuan Shu Kuan Shu Kuan Shu ». Simultanément, visualisez la boule de lumière dorée se déplacer, en tournant, de la première Maison de l'Âme jusqu'au Centre des Messages, où là, elle tourne sur elle-même, explose et brille dans toutes les directions.

c. Accomplissez les étapes 2a et 2b quatre fois de suite.

Étape 3

a. Inspirez. La boule de lumière dorée se forme dans votre première Maison de l'Âme.

b. Expirez. Chantez :

   Kuan Shu (prononcer *kouane chou*)
   Kuan Shu Kuan Shu Kuan Shu

Kuan Shu Kuan Shu Kuan Shu
Kuan Shu Kuan Shu Kuan Shu
Kuan Shu Kuan Shu Kuan Shu Kuan Shu

Quand vous récitez ces cinq vers, inspirez rapidement à la fin de chacun d'eux et visualisez la boule de lumière dorée tourner comme suit :

Quand vous chantez le premier vers, la boule de lumière dorée effectue un va-et-vient de la première Maison de l'Âme jusqu'au Centre des Messages (quatrième Maison de l'Âme), puis redescend pour traverser le Kun Gong, et revient à la première Maison de l'Âme.

Quand vous chantez les vers 2 à 5, la boule de lumière dorée effectue un va-et-vient de la première Maison de l'Âme jusqu'au cœur (quatrième Maison de l'Âme ou chakra du cœur), puis redescend pour traverser le Kun Gong, et revient à la première Maison de l'Âme. Ensuite, la boule dorée trace un grand cercle. Elle quitte la première Maison de l'Âme, entre dans la colonne vertébrale par un trou invisible devant le coccyx, puis monte le long de la colonne jusqu'à la zone occipitale, entre dans le cerveau et le traverse pour arriver à la septième Maison de l'Âme, au sommet de la tête. À partir de là, elle redescend dans votre fosse nasale jusqu'au palais, puis traverse les cinquième, quatrième, troisième et deuxième Maisons de l'Âme pour revenir à la première.

c. Accomplissez les étapes 3a et 3b quatre fois de suite.

Vous pouvez chanter intérieurement ou à voix haute. Le mieux est de faire alternativement le chant yang et le chant yin chaque fois que vous pratiquez.

Pouvoir de la Calligraphie du Tao. Tracez *Da Kuan Shu,* le plus grand pardon. (Voir « Comment trouver d'autres Calligraphies du Tao pour pratiquer avec le Pouvoir de la Calligraphie du Tao » page 61.)

Quand vous tracez la calligraphie, le traçage devient votre Pouvoir du Corps. Vous pouvez associer le traçage de la calligraphie au Pouvoir du Mental, au Pouvoir du Son et/ou au Pouvoir de la Respiration, ou vous contenter de vous concentrer sur la Calligraphie.

Conclusion. Terminez votre séance de pratique en disant :

Hao. Hao. Hao.
Merci. Merci. Merci.

ஐ ஐ ஐ

Voici comment mettre en pratique les six techniques sacrées du pouvoir du Tao pour guérir et transformer les relations avec Da Kuan Shu, le plus grand pardon.

Vous pouvez pratiquer pendant cinq à dix minutes. Vous pouvez pratiquer une demi-heure ou une heure. Il n'y a pas de limite de temps. Plus vous pratiquez, plus vous en recevrez les bienfaits.

Pratiquez. Pratiquez. Pratiquez.

Vivez la transformation.

Mettre en Pratique les Six Techniques Sacrées du Pouvoir du Tao pour Guérir et Transformer sa Situation Financière

PENCHEZ-VOUS SUR LA SITUATION économique de la Terre-Mère en ce moment. Beaucoup de gens y sont très riches. Beaucoup de gens y sont très pauvres.

Pensez aux personnes qui vous entourent. Certaines sont très intelligentes. Vous vous dites peut-être qu'elles devraient réussir professionnellement, mais il se peut qu'elles ne réussissent pas du tout. D'autres sont très simples. Elles peuvent même sembler bêtes, mais réussissent très bien professionnellement.

Pourquoi certaines personnes connaissent-elles l'abondance financière ? La cause fondamentale est le shen qi jing positif. Une telle personne, ainsi que ses ancêtres, ont accumulé beaucoup de vertu dans leurs vies. Ils ont beaucoup servi autrui dans leurs vies. Pour ce bon service, dispensé avec amour, soin, compassion, sincérité, honnêteté et plus encore, ils ont reçu des vertus.

Cette bonne vertu, qui est inscrite dans les annales akashiques (voir note de bas de page n°19, page 91, pour une explication des annales akashiques), s'est transformée en argent dans la vie présente de la personne. Si une telle personne continue à bien servir, elle continuera à vivre l'abondance financière dans les vies à venir. Ses descendants aussi prospéreront.

Pourquoi d'autres personnes ont-elles des difficultés financières ? La cause fondamentale est le shen qi jing négatif. Une telle personne, ainsi que ses ancêtres, ont accumulé beaucoup de graves erreurs dans leurs vies. On peut citer parmi elles : tuer, tricher, voler, profiter des autres.

Par conséquent, pour transformer sa situation financière, la clé est d'éliminer les blocages du shen qi jing négatif créés et portés par vous et vos ancêtres.

J'aimerais partager la sagesse et la pratique sacrées permettant de transformer sa situation financière. Le Dan Tian Inférieur est le centre financier du corps. (Voir note de bas de page n°18, page 91, pour une explication du Dan Tian Inférieur, et voir illustration 15, page 92 pour le situer dans le corps.)

Nous pouvons guérir et transformer le shen qi jing négatif des finances en shen qi jing positif dans le Dan Tian Inférieur en mettant en pratique les six techniques sacrées du pouvoir du Tao.

Pratiquons Da Chang Sheng, la plus grande prospérité, pour guérir et transformer les finances. J'insiste sur le pouvoir et la signification de Da Chang Sheng.

La septième des Dix Plus Grandes qualités du Tao est la plus grande prospérité.
La Source du Tao confère une prospérité, une chance et une réussite gigantesques.
Servez avec bienveillance pour accumuler les vertus.
La carrière du Tao est florissante.

Pouvoir du Corps. Placez vos mains en position yin-yang (illustration 16) sur le bas-ventre, en dessous du nombril, sur le Dan Tian Inférieur.

Pouvoir de l'Âme. Dites *bonjour* aux âmes internes :

> *Chers âme, cœur, conscience et corps de mes finances,*
> *Je vous aime, je vous honore et je vous apprécie.*
> *Veuillez pardonner mes ancêtres et moi-même pour toutes les erreurs que nous avons commises, et qui ont blessé ou importuné qui que ce soit*

financièrement ou professionnellement, de quelque manière que ce soit, dans toutes nos vies.
Je demande sincèrement pardon pour toutes ces erreurs.
Vous avez aussi le pouvoir de vous guérir et de vous transformer.
S'il vous plaît, guérissez et transformez (faites une demande personnelle pour vos finances ou votre travail).
Faites un bon travail.
Merci.

Dites *bonjour* aux âmes externes :

Chère Source du Tao, cher Divin,
Chers bouddhas, chers saints (vous pouvez nommer les saints en qui vous croyez),
Cher Ciel, chère Terre-Mère, et chers planètes, étoiles, galaxies et univers innombrables,
Je vous aime, je vous honore et je vous apprécie.
Veuillez pardonner mes ancêtres et moi-même pour toutes les erreurs et blessures, liées aux blocages de shen qi jing négatif dans les domaines financier ou professionnel, que nous avons commises, dans toutes nos vies.
Je suis sincèrement désolé de toutes ces erreurs.
Je demande pardon du plus profond de mon cœur à vous et à toutes les âmes que mes ancêtres et moi-même avons blessées de ces façons.
Afin de me faire pardonner, je vivrai une vie de service inconditionnel.
Le chant et la méditation sont des services.
Je chanterai et méditerai autant que je le pourrai.
J'offrirai un service inconditionnel autant que je le pourrai.
J'accorde un pardon inconditionnel à tous ceux qui ont blessé ou importuné mes ancêtres ou ma personne, dans toutes nos vies, que ce soit financièrement ou professionnellement.
Je suis extrêmement reconnaissant.
Merci.

Pouvoir du Mental. Visualisez une lumière dorée, brillante, rayonnant dans et autour de votre demande de transformation de vos finances.

Pouvoir de la Respiration. Inspirez et gonflez votre abdomen. Expirez et contractez votre abdomen. Assurez-vous d'inspirer et d'expirer avec douceur, régularité et naturel. Rappelez-vous que la durée et la profondeur de chaque inspiration et expiration dépendent de votre forme personnelle. Faites ce qui est naturel.

Pouvoir du Son. En chantant, nous combinons le Pouvoir du Son au Pouvoir de la Respiration et à une visualisation plus précise du Pouvoir du Mental. Voir la vidéo de cette pratique qui inclut mon chant.

Étape 1

a. Inspirez. Visualisez une lumière dorée partant de votre nez pour descendre au centre de votre corps jusqu'en bas du tronc, où elle se concentre en une boule, dans votre première Maison de l'Âme.

b. Expirez. Chantez « Chang Sheng » (prononcer *tchang chung*). Simultanément, visualisez la boule de lumière dorée se déplacer, en tournant, de la première Maison de l'Âme jusqu'au Dan Tian Inférieur, où elle explose et brille dans toutes les directions.

c. Accomplissez les étapes 1a et 1b sept fois de suite.

Étape 2

a. Inspirez. La lumière dorée part de votre nez pour descendre dans le canal central et se concentre en une boule dans votre première Maison de l'Âme.

b. Expirez. Chantez « Chang Sheng Chang Sheng Chang Sheng ». Simultanément, visualisez la boule de lumière dorée se déplacer, en tournant, de la première Maison de l'Âme jusqu'au Dan Tian Inférieur, où là, elle tourne sur elle-même, explose et brille dans toutes les directions.

c. Accomplissez les étapes 2a et 2b quatre fois de suite.

Étape 3

a. Inspirez. La boule de lumière dorée se reforme dans votre première Maison de l'Âme.

b. Expirez. Chantez :

   Chang Sheng (prononcer *tchang chung*)
   Chang Sheng Chang Sheng Chang Sheng
   Chang Sheng Chang Sheng Chang Sheng
   Chang Sheng Chang Sheng Chang Sheng
   Chang Sheng Chang Sheng Chang Sheng Chang Sheng

Quand vous récitez ces cinq vers, inspirez rapidement à la fin de chacun d'eux et visualisez la boule de lumière dorée tourner comme suit :

Quand vous chantez le premier vers, la boule de lumière dorée effectue un petit cercle partant de la première Maison de l'Âme jusqu'au Dan Tian Inférieur, puis redescendant jusqu'au Kun Gong et à la première Maison de l'Âme.

Quand vous chantez les vers 2 à 5, la boule de lumière dorée effectue un petit cercle partant de la première Maison de l'Âme jusqu'au Dan Tian Inférieur, puis redescendant jusqu'au Kun Gong et à la première Maison de l'Âme. Ensuite, la boule dorée trace un grand cercle. Elle quitte la première Maison de l'Âme, entre dans la colonne vertébrale par un trou invisible devant le coccyx, puis monte le long de la colonne jusqu'à la zone occipitale, entre dans le cerveau et le traverse pour arriver à la septième Maison de l'Âme, au sommet de la tête. À partir de là, elle redescend dans votre fosse nasale jusqu'au palais, puis traverse les cinquième, quatrième, troisième et deuxième Maisons de l'Âme pour revenir à la première.

c. Accomplissez les étapes 3a et 3b quatre fois de suite.

Vous pouvez chanter intérieurement ou à voix haute. Le mieux est de faire à la fois le chant yang et le chant yin chaque fois que vous pratiquez.

Pouvoir de la Calligraphie du Tao. Tracez *Da Ai,* le plus grand amour, ou *Da Kuan Shu,* le plus grand pardon. (Voir « Comment trouver d'autres Calligraphies du Tao pour pratiquer avec le Pouvoir de la Calligraphie du Tao » page 61.)

Quand vous tracez la calligraphie, le traçage devient votre Pouvoir du Corps. Vous pouvez associer le traçage de la calligraphie au Pouvoir du Mental, au Pouvoir du Son et/ou au Pouvoir de la Respiration, ou vous contenter de vous concentrer sur la Calligraphie.

Conclusion. Terminez votre séance de pratique en disant :

Hao. Hao. Hao.
Merci. Merci. Merci.

ꕥ ꕥ ꕥ

Voici comment mettre en pratique les six techniques sacrées du pouvoir du Tao pour guérir et transformer les finances avec Da Chang Sheng, la plus grande prospérité. Vous pouvez pratiquer pendant cinq à dix minutes. Vous pouvez pratiquer une demi-heure ou une heure. Il n'y a pas de limite de temps. Plus vous pratiquez, plus vous en recevrez les bienfaits.

Da Chang Sheng est la septième des dix qualités Da du Tao. Vous pouvez vous servir de n'importe laquelle des autres Dix Da de la même façon pour transformer vos finances.

Pratiquez. Pratiquez. Pratiquez.

Vivez la transformation.

Conclusion

TOUT LE MONDE ET TOUT sur les innombrables planètes, étoiles, galaxies et univers, y compris les êtres humains, sont composés de shen qi jing. Shen comprend l'âme, le cœur et la conscience. Dans la physique quantique, comme dans la Science du Tao, l'âme est l'information ou le message. Le cœur spirituel est le récepteur du message. La conscience est le processeur du message. Le qi, l'énergie, est le moteur du message. Le jing, la matière, est le transformateur du message.

Shen qi jing forme un système d'information ou de messages pour un être. L'âme guide le cœur. Le cœur guide la conscience. La conscience fait circuler l'énergie. L'énergie fait circuler la matière.

Pourquoi une personne est-elle en bonne santé, a-t-elle de bonnes relations et une bonne situation financière ? Cela est dû au shen qi jing positif.

Pourquoi une personne a-t-elle des problèmes de santé, de relations, de finances ou autres dans sa vie ? Cela est dû au shen qi jing négatif.

Ce livre partage les six techniques sacrées du pouvoir du Tao : le Pouvoir du Corps, le Pouvoir du Son, le Pouvoir du Mental, le Pouvoir de l'Âme, le Pouvoir de la Respiration et le Pouvoir de la Calligraphie du Tao. Ces techniques vous relient au Ciel, à la Terre-Mère et aux innombrables planètes, étoiles, galaxies et univers, ainsi qu'aux saints de tous les royaumes, et vous apportent le shen qi jing positif de la Source du Tao, du Ciel et de la Terre-Mère, afin de vous donner les moyens de transformer votre shen qi jing négatif, dans tous les aspects de votre vie, y compris dans les domaines de la santé, des relations et des finances.

Une autre sagesse ancienne fondamentale dit ceci : *da Dao zhi jian* 大道至. « Da » signifie *plus grande.* « Dao » est *la Source du Tao.* « Zhi » signifie *extrêmement.* « Jian » signifie *simple.* « Da Dao zhi jian » signifie *le plus grand Tao est extrêmement simple.*

Chaque pratique de ce livre, qu'il s'agisse de guérir vos cinq éléments, vos corps mental et spirituel, vos Maisons de l'Âme et votre Wai Jiao, vos Canaux Shen Qi Jing, vos relations ou vos finances, est très simple. Certaines personnes peuvent avoir du mal à y croire. Pratiquez avec le chant des vidéos que j'ai créées pour vous. Sachez que nous avons recueilli de nombreux résultats de recherche affirmant que des gens ont pu se guérir et se transformer de façon remarquable, grâce à des techniques et des pratiques semblables. Nous avons des centaines de témoignages émouvants de personnes qui ont obtenu des résultats en pratiquant ces techniques. J'ai rassemblé certaines de ces études de cas dans l'annexe qui suit.

Dans la sagesse ancienne, *si vous voulez savoir si une poire est sucrée, goûtez-la.* La sagesse actuelle est : *si vous voulez savoir si quelque chose fonctionne, faites-en l'expérience.*

Ces sept dernières années, j'ai expliqué encore et encore à l'humanité que l'utilisation des techniques sacrées du Tao pour se relier au champ de guérison de la Calligraphie du Tao est le moyen le plus simple pour se guérir et se transformer. Je dis toujours ceci :

Vivez la transformation.

Je souhaite que chaque lecteur pratique avec ces techniques pour transformer sa santé, ses relations et ses finances, et élever son chemin spirituel.

Pratiquez. Pratiquez. Pratiquez.

Vivez la transformation.

J'aime mon cœur et mon âme
J'aime toute l'humanité
Joignons nos cœurs et nos âmes ensemble
Amour, paix et harmonie
Amour, paix et harmonie

Annexe

Études de Cas sur le Champ de Guérison de la Calligraphie du Tao

par Peter Hudoba, MD, FRCS

DES RECHERCHES SUR LES EFFETS de la pratique du champ de guérison de la Calligraphie du Tao et des Transmissions du Champ de Lumière de la Calligraphie du Tao sont en cours depuis plusieurs années, dans le cadre de plusieurs études. J'aimerais vous faire part de quelques résultats provisoires représentatifs, d'une récente étude en cours, parrainée par la « Sha Research Foundation », basée à San Francisco, en Californie, et dont je suis le directeur de recherche.

L'étude a été conçue comme une étude prospective de suivi axée sur la méditation du mouvement de la Calligraphie du Tao, que vous avez apprise dans ce livre sous le nom de Pouvoir de la Calligraphie du Tao, par le traçage du Dan (bas-ventre) avec la récitation du mantra (Pouvoir du Son). L'Institutional Review Board (IRB) à Aurora, en Ontario (Canada) a approuvé l'étude en 2017, et cette étude a débuté en janvier 2018.

Les sujets d'étude sont venus des États-Unis et du Canada. Ils souffraient de divers troubles physiques ou émotionnels diagnostiqués médicalement. Tous les sujets ont reçu une bénédiction personnelle de guérison et une ou plusieurs Transmissions du Champ de Lumière de la Calligraphie du Tao par Maître Zhi Gang Sha. On leur a demandé de pratiquer quotidiennement pendant une à deux heures en utilisant le Pouvoir du Son et le Pouvoir de la Calligraphie du Tao, ainsi qu'en incorporant le Pouvoir de l'Âme, le Pouvoir du Corps et le Pouvoir du Mental. En outre, des séances d'entraînement de trente minutes dirigées par des instructeurs qualifiés ont été proposées deux fois par semaine. La participation était fortement encouragée, mais demeurait sur la base du volontariat.

Voici les instructions données pour la pratique individuelle :

- **Pouvoir du Corps.** Prenez une position confortable, assis ou debout.
- **Pouvoir du Mental.** Visualisez la lumière dorée dans et autour de la zone malade ou, en cas de trouble émotionnel, de l'organe qui y est relié.
- **Pouvoir du Son.** Chantez les mantras adaptés.
- **Pouvoir de l'Âme.** Dites *bonjour* aux âmes internes et externes, et demandez-leur la lumière et l'amour pour la guérison.
- **Pouvoir de la Calligraphie du Tao.** Tenez-vous debout et pratiquez le traçage du Dan, si possible. Sinon, asseyez-vous et tracez la calligraphie du bout de vos cinq doigts réunis.

Les sujets ont été encouragés à poursuivre le traitement qu'ils suivaient avec des praticiens de santé conventionnels ou complémentaires/alternatifs. Aucun conseil ou diagnostic médical ne leur a été donné.

La plupart des résultats présentés dans cette annexe datent du premier trimestre 2019, principalement d'un suivi intermédiaire réalisé au bout d'un an. Des informations plus récentes sont disponibles pour certains sujets, tel qu'indiqué. L'étude est toujours en cours et s'achèvera fin 2020.

Cas 1

- Femme handicapée à cause d'une endométriose de stade quatre diagnostiquée en mars 2011, avec des adhérences pelviennes étendues.
- A souffert d'énormes douleurs abdominales pendant de nombreuses années, avec des menstruations très abondantes. Ne pouvait pas travailler. Est devenue dépressive, anxieuse et suicidaire.
- Incapable d'aller à la selle en raison d'adhérences au sigmoïde dues à l'endométriose, et se faisait un lavement presque tous les jours.
- Traitée au Lupron, une thérapie hormonale de substitution, et avec des contraceptifs.

- En février 2014, une IRM a révélé de grands kystes ovariens, une adénomyose utérine et des adhérences resserrant le côlon.
- Elle avait prévu de réaliser une hystérectomie et l'ablation des ovaires.
- En avril 2014, elle a reçu une bénédiction de guérison de Dr et Maître Sha pour son endométriose. Presque immédiatement après la bénédiction de guérison, elle a ressenti une paix profonde, et ses pensées suicidaires se sont arrêtées. De plus, le niveau de sa douleur a diminué de quatre-vingt-dix pour cent (selon son évaluation personnelle). La douleur a augmenté à nouveau quelque temps plus tard, mais n'est jamais revenue au niveau antérieur.
- En juillet 2014, lors d'une consultation de suivi, le chirurgien lui a déclaré que, sur la base des derniers tests, l'hystérectomie et l'ablation des ovaires n'étaient pas nécessaires.
- De plus, en raison de certaines réactions indésirables antérieures à ses médicaments (Lupron, hormonothérapie substitutive, contraceptifs), le chirurgien lui a recommandé de cesser les médicaments et de ne procéder à des tests supplémentaires que si les symptômes réapparaissaient.
- Elle a commencé à travailler avec un nutritionniste et à utiliser une crème à base de progestérone pour soulager les symptômes restants de l'endométriose.
- Elle a pratiqué quotidiennement le traçage de la carte de Calligraphie du Tao *Da Ai,* autant qu'elle le pouvait, et a souvent pratiqué avec des vidéos de Dr et Maître Sha en train de tracer dans le champ de guérison de la Calligraphie du Tao.
- En janvier 2018, elle a reçu une autre bénédiction de guérison de Dr et Maître Sha. Ses symptômes ont continué à s'améliorer sensiblement.
- Elle a reçu de nombreuses Transmissions du Champ de Lumière de la Calligraphie du Tao tout au long de l'année 2019.
- Ses menstruations sont devenues moins abondantes, et ne sont presque plus douloureuses.
- Elle a commencé à perdre du poids.
- Sa constipation (due à une constriction du sigmoïde), qui nécessitait un lavement quotidien, s'est améliorée de quatre-vingt pour cent.
- Elle ne ressent plus la douleur aiguë dans le côlon qu'elle éprouvait avant, durant ses règles.

- Peu à peu, les douleurs aux genoux et dans le bas du dos se sont apaisées, et le gonflement important de ses chevilles a complètement disparu.
- En 2019, après avoir été handicapée pendant des années, elle a repris le travail comme assistante administrative à temps partiel, dans un conseil d'établissement, avant de prendre un emploi à temps plein dans un autre bureau, qui nécessitait deux heures de transport quotidien.
- Elle a aussi pu travailler à l'étranger pour la première fois depuis des années.
- Les analyses de sang effectuées en janvier 2019 ont montré que presque toutes les valeurs se situaient dans la fourchette normale.
- Les radiographies de décembre 2018 n'ont montré que « des signes minimes d'arthrose ».
- Les résultats d'une échographie effectuée en 2018 constatent :
  - Adénomyose et fibromes utérins stables depuis 2014
  - L'endométriose ovarienne bilatérale a diminué depuis 2014

Cas 2

- Femme diagnostiquée en 2007 d'une leucémie lymphocytaire chronique et d'une anémie hémolytique auto-immune.
- A reçu les premières bénédictions personnelles de guérison de Dr et Maître Sha en 2013.
- Immédiatement après, en 2013, elle a commencé des pratiques sporadiques de méditation et de qigong. Son état était stable, ne s'est pas dégradé.
- En avril 2015, elle s'est sentie très faible après avoir marché le long de cinq pâtés de maisons pour aller à la banque. Elle a donc continué à marcher jusqu'aux urgences les plus proches, à bout de souffle.
- Elle fut immédiatement admise en soins intensifs avec un taux de HB 22 g/L et un taux de globules blancs de 1070.
- Un scanner a révélé une hypertrophie de la rate, des ganglions lymphatiques et une tumeur du foie.
- Elle est restée en soins intensifs pendant une semaine où elle a subi une chimiothérapie, des transfusions, et a pris de la Prednisone.

Après sa sortie d'hôpital, elle n'a pris que de la Prednisone pendant cinq mois.

- Quand elle a quitté les soins intensifs en mai 2015, elle a commencé à recevoir quotidiennement une guérison à distance par la Calligraphie du Tao, pendant trois mois.
- Elle a également commencé à pratiquer quotidiennement la Calligraphie du Tao, ainsi que d'autres méditations et du qigong.
- En septembre 2015 (cinq mois après son admission aux soins intensifs), elle a à nouveau consulté un spécialiste. Son taux de globules blancs avait chuté de 1070 à 99.
- Elle a cessé de prendre de la Prednisone et de se faire transfuser (pour l'anémie).
- En mai 2016, elle a de nouveau consulté un spécialiste : globules blancs 103, globules rouges 117 g/L. Notez qu'elle a obtenu ces améliorations sans chimiothérapie, ni transfusion.
- En mars 2017 (près de deux ans après son admission en soins intensifs), elle est en bonne santé, positive et en paix avec sa maladie, se sent équilibrée émotionnellement, a une bonne énergie et de l'endurance, et peut effectuer toutes les activités normales de la vie quotidienne.
- Elle prévoit de démarrer une entreprise.

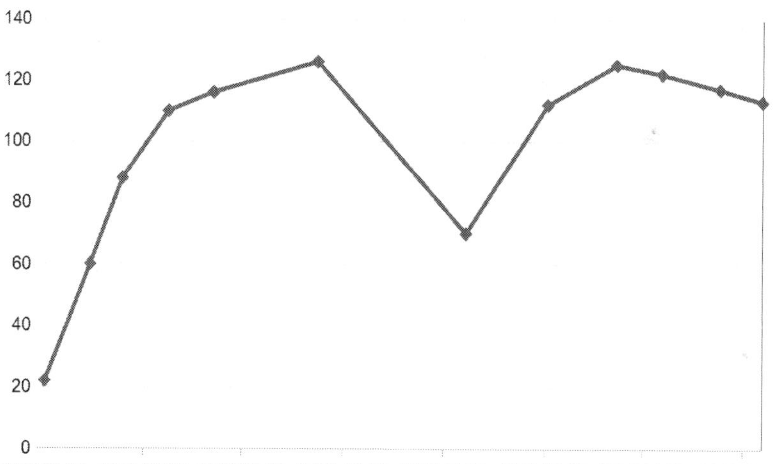

Quantité de globules rouges

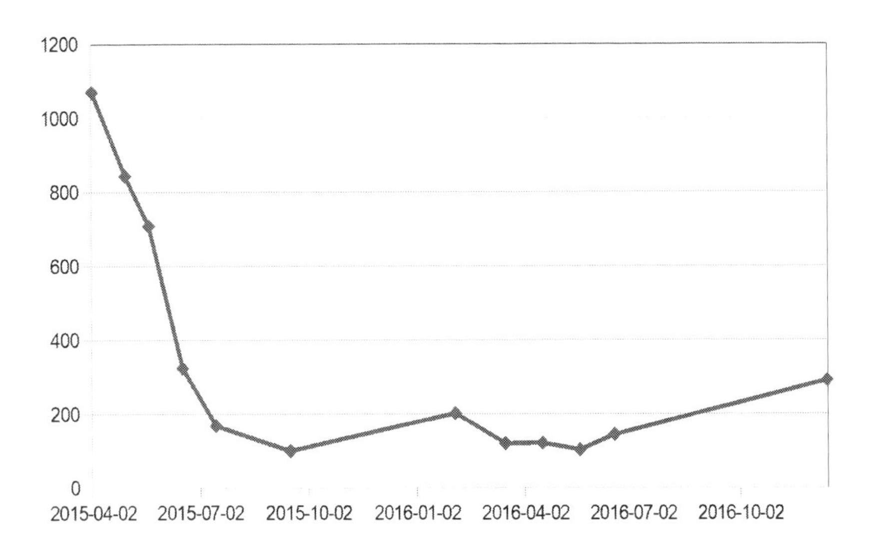

Quantité de globules blancs

Cas 3

- Personne de sexe féminin. Quand elle avait cinq ans, sa mère a failli mourir. Elle a alors développé une intense anxiété sociale, des douleurs physiques (spasmes nerveux dans les intestins), une intense colère et un sentiment d'apathie ou de manque de lien. La situation s'est aggravée quand son père a commencé à boire beaucoup.
- Adulte, elle a souffert de terreurs nocturnes tous les jours, se réveillant complètement secouée et terrifiée, avec de la tachycardie, une respiration haletante, et des sueurs froides.
- Elle souffrait également d'un chagrin permanent dû au traumatisme de son enfance.
- Elle a effectué des pratiques fondamentales de pardon, avec le chant et le Pouvoir de la Calligraphie du Tao, chaque jour pendant une heure et demi.
- En janvier 2018, elle a reçu des bénédictions du champ de guérison de la Calligraphie du Tao et des Transmissions du Champ de Lumière permanentes de Maître Sha. La nuit suivante, elle parvint à faire une nuit complète, sans terreur nocturne. Elle a déclaré : « Mon sommeil était vraiment paisible. »

- Elle a depuis reçu plusieurs Transmissions supplémentaires du Champ de Lumière de la Calligraphie du Tao pour sa santé.
- Depuis novembre 2019, elle peut dormir sans problèmes et ne fait plus de cauchemars. Elle est reposée et fraîche au réveil.
- Les symptômes de terreur, de tachycardie, de sueur et de réveils nocturnes suite à des cauchemars ont complètement disparu.
- Elle n'a plus ni peur, ni appréhension, ni réticence à aller se coucher.
- Elle se sent joyeuse et heureuse, ce qu'elle considère incroyable.

Cas 4

- Cette dame de 78 ans souffre d'une affection génétique : le côlon abondant.
- Son gros intestin s'enroule sur lui-même dans les quadrants droit et gauche, avec une obstruction partielle de l'intestin.
- Elle a souffert de légère constipation toute sa vie.
- En 2015, elle a contracté une dysenterie amibienne dans un pays étranger.
- Elle souffre depuis d'importantes douleurs abdominales, d'une perte de poids importante, d'une constipation sévère et de ballonnements.
- Les médicaments qu'elle prend comprennent l'hyoscyamine et le Linzess.
- Participe à l'étude depuis janvier 2018, où elle a reçu les premières bénédictions de guérison et les Transmissions du Champ de Lumière de la Calligraphie du Tao.
- En septembre 2019, elle a reçu d'autres Transmissions de Champs de Lumière et des bénédictions de guérison pour divers organes, systèmes d'organes et centres énergétiques.
- Pratique environ deux heures par jour.
- Sa constipation a complètement disparu, pour la première fois de sa vie.
- L'obstruction intestinale partielle a complètement disparu également.
- La sensation de ballonnements a diminué de plus de quatre-vingt-dix pour cent.
- La douleur a largement diminué.
- Se sent plus paisible, reconnaissante et tolérante.

- Est capable de s'occuper seule de sa propriété, de ses locations et de son jardin, et aide même ses locataires âgés, ainsi que sa sœur handicapée.

Cas 5

- En 2013, cette jeune femme de trente-cinq ans souffrait de maux de tête qui se sont progressivement aggravés, et a commencé à perdre l'audition à l'oreille droite.
- L'examen n'a révélé aucun trouble neurologique en dehors de la perte auditive.
- En 2013, une IRM a révélé un schwannome (neurinome ou tumeur de l'acoustique) vestibulaire de 20 x 21 mm.
- En 2014, la tumeur a atteint 27 mm, et la patiente s'est fait opérer pour l'enlever.
- Le chirurgien a laissé un résidu de 5 mm sur le nerf facial pour préserver le nerf.
- Une IRM de 2017 a montré que ce résidu avait atteint 10 mm.
- On lui a proposé une radiochirurgie par Gamma Knife, mais elle l'a refusée.
- Son traitement comprenait des antidouleurs et de la dexaméthasone.
- A vu plusieurs guérisseurs énergétiques.
- Après avoir rencontré Dr et Maître Sha, elle a commencé à pratiquer la Calligraphie du Tao, le pardon et le chant, entre trente minutes et six heures par jour.
- En septembre 2019, elle a eu une consultation personnelle avec Dr et Maître Sha, et a bénéficié d'un nettoyage de certains blocages du shen qi jing négatif.
- Elle a aussi reçu deux Transmissions du Champ de Lumière permanente pour son état de santé, ainsi que des Transmissions du Champ de Lumière pour le cerveau, le cœur, le foie, les reins, les nerfs auditifs et les systèmes nerveux central, immunitaire, endocrinien, digestif et lymphatique.
- Dans l'attente des résultats de l'IRM d'octobre 2019.
- Se sent plus réceptive et ressent des énergies et des vibrations plus fortes dans le corps.
- Se sent très légère ; les tensions dans la tête se sont apaisées.

Cas 6

- Cette dame de 66 ans souffre d'accès de colère, de nausées et de vomissements chaque matin, de raideur au genou gauche, de la cataracte depuis treize ans, et de douleurs dues à une déchirure du ligament du biceps droit depuis trois ans.
- En intégrant cette étude en janvier 2018, elle a reçu des bénédictions de guérison et une Transmission de Lumière pour soulager la colère.
- Elle pratique le Pouvoir de la Calligraphie du Tao et le Pouvoir du Son (chant).
- En juillet 2019, elle a décrit ceci :
  - Après les bénédictions de guérison, il y a eu une amélioration de la cataracte pendant six mois, mais elle a récemment empiré.
  - L'inconfort dû à la déchirure du ligament du biceps a diminué.
  - La fréquence et la gravité des accès de colère se sont réduites de vingt à trente pour cent.
  - Les nausées et vomissements au réveil ont complètement disparu.

Cas 7

- Dame de 55 ans.
- Diagnostic de burn-out en 2017 dû à un stress excessif (longues heures de travail et soins exigeants pour les membres de sa famille).
- Souffrait de perte de mémoire et de difficultés à se concentrer.
- Dans les situations stressantes, elle se mettait à bégayer et ne pouvait plus parler normalement.
- Est devenue insomniaque.
- Beaucoup de tâches et d'activités lui demandaient plus de temps que nécessaire.
- Faisait de l'hypertension dans les situations de stress, et avait des vertiges.
- Prenait des comprimés de Candecor et de l'escitalopram (antidépresseur), ainsi que de la lercanidipine (contre l'hypertension).
- A cessé de travailler en 2017.
- Ses pratiques quotidiennes incluent le traçage de la Calligraphie du Tao et le chant ; elle participe aussi à des séances de pratique en groupe du champ de guérison de la Calligraphie du Tao.

- A reçu des bénédictions de guérison et des Transmissions de Champ de Lumière permanentes lors de son inscription à l'étude, en janvier 2018.
- Sa capacité à se concentrer s'est améliorée.
- Son bégaiement a largement diminué ; elle parle normalement à présent.
- Au bout d'un an (début 2019), ses symptômes dépressifs s'étaient améliorés au point qu'elle a pu cesser les antidépresseurs.
- Un an et demi plus tard (fin du printemps 2019), elle a cessé de prendre des médicaments contre l'hypertension.
- Elle est toujours en arrêt de travail pour burn-out.

Cas 8

- Cette dame de 57 ans souffre depuis 43 ans (depuis ses 14 ans) d'agoraphobie associée à des crises de panique.
- L'agoraphobie est une anxiété développée dans des situations où la personne considère ne pas être en sécurité dans son environnement et ne pas pouvoir s'échapper facilement. Un tel environnement peut inclure des espaces publics, des transports publics, des centres commerciaux, ou plus largement tout ce qui se trouve à l'extérieur de sa maison.
- Sa douleur émotionnelle est généralement de huit sur une échelle entre zéro (aucune douleur) et dix (douleur insupportable).
- Son anxiété affecte sa capacité à vivre normalement et est particulièrement forte lorsqu'elle est hors de chez elle, entourée d'autres personnes. Elle ne peut pas conduire, par exemple.
- Elle a consulté des naturopathes, des psychologues, des herboristes, des acupuncteurs, des thérapeutes cognitivo-comportementaux et autres guérisseurs et a pris des suppléments de vitamines, le tout sans succès.
- Depuis qu'elle a rejoint cette étude, elle a reçu plusieurs nettoyages de blocages du shen qi jing négatif ainsi que de nombreuses Transmissions de Champ de Lumière de la Calligraphie du Tao.
- Elle a effectué ses pratiques d'auto-guérison, dont celles du pardon, du traçage de la Calligraphie du Tao, et du chant, à raison d'une heure et demie par semaine.
- Depuis novembre 2019, elle :

- se sent mieux dans l'ensemble
- arrive plus facilement à être en société, avec peu ou pas d'anxiété
- est plus stable émotionnellement, et a moins de colère
- est capable de se détendre
- est plus consciente de son comportement et essaye consciemment de l'améliorer

Cas 9

- Cette dame de 70 ans souffre d'arthrite et d'inflammations dans tout le corps. Elle souffre de troubles musculosquelettiques dans la nuque, la colonne vertébrale, aux épaules, aux hanches, aux genoux, aux mains et à toutes les articulations.
- Son arthrite a commencé il y a 45 ans aux genoux.
- L'inflammation de ses poignets est douloureuse. L'inflammation et la douleur étaient parfois si intenses qu'elle ne pouvait pas vaquer à ses occupations, marcher normalement, porter ou même tenir les objets les plus légers.
- Quand l'inflammation gagnait tout son corps, elle ne pouvait pas sortir de chez elle.
- Elle a commencé à avoir des douleurs aux hanches, suite à un problème d'alignement des hanches, dû à l'inflammation. Ses muscles ont été sollicités pour tenter de compenser les déséquilibres de sa position et de sa marche, ce qui lui a entraîné des douleurs musculaires chroniques, et parfois spastiques (spasmes musculaires involontaires et intenses).
- Son traitement comprenait au quotidien des anti-inflammatoires et du Plaquenil 200 mg.
- Elle s'est également tournée vers la médecine traditionnelle chinoise, l'herboristerie, l'acupuncture et les tisanes.
- Depuis qu'elle a été initiée en 2010 au système de guérison de l'âme de Dr et Maître Sha, elle a reçu des nettoyages de blocages du shen qi jing négatif, ainsi que plusieurs Transmissions du Champ de Lumière.
- En 2010, elle a reçu une bénédiction de guérison de Dr et Maître Sha pour ses genoux enflés. Ses genoux ont désenflé presque instantanément et n'ont plus jamais enflé.

- Elle pratique le pardon, le traçage de la Calligraphie du Tao et le chant.
- En décembre 2018, son rhumatologue fut tellement ravi des améliorations de son état qu'il a réduit les doses de Plaquenil de 200 à 100 mg par jour.
- Une radiographie récente (janvier 2020) a révélé une mutation dégénérative des mains et des pieds. Elle ne montrait aucun signe d'arthropathie inflammatoire.
- Cette dame est aujourd'hui capable de bouger normalement, de se servir pleinement de ses mains et de tourner la tête, ce qui n'était pas toujours possible.
- Elle ne souffre plus de douleurs musculaires ou des hanches et n'a plus besoin de marcher avec une canne.

Cas 10

- Cet homme de 50 ans a été diagnostiqué en 1984 avec un « syndrome des ganglions lymphatiques gays », et a été présumé atteint d'une infection aiguë du VIH.
- Le diagnostic du VIH a été confirmé en 1986.
- Au début des années 1990, il a été diagnostiqué comme atteint du virus du SIDA, d'après la diminution du nombre de lymphocytes T en dessous de 200.
- En 1990, il a commencé une monothérapie.
- En 1996, il a été hospitalisé pour une pneumonie liée au sida et un taux de lymphocyte T de 7.
- En 1997, il a commencé à prendre un traitement antirétroviral.
- Après 1997, son taux de lymphocytes T est remonté lentement jusqu'à plus de 500, et son état de santé s'est stabilisé.
- En 2006, il a rencontré Dr et Maître Sha, a commencé à se servir du Pouvoir de l'Âme et à recevoir des bénédictions du champ de guérison.
- Il a poursuivi son traitement antirétroviral, mais a aussi reçu de nombreuses Transmissions du Champ de Lumière.
- Il pratique quotidiennement les méditations d'auto-guérison et le traçage de la Calligraphie du Tao.
- En 2013, son taux de lymphocytes est revenu à la normale (supérieur à 700), et il demeure stable.

- Sa santé est stable et il continue de mener une vie active avec un travail à temps plein.

ஐ ஐ ௐ

Les conclusions générales de l'ensemble de cette étude, à partir de laquelle nous avons fourni un échantillon de cas, peuvent être résumées comme suit :

- La méditation, avec le traçage de la Calligraphie du Tao et l'introduction du Pouvoir du Corps, du Pouvoir de l'Âme, du Pouvoir du Mental et du Pouvoir du Son fut facile à apprendre, bien tolérée, et aucune difficulté n'est survenue.

- Les résultats de cette étude confirment l'efficacité de la combinaison de transmissions de champ de lumière d'informations et d'énergies positives, du traçage de la Calligraphie du Tao avec les traitements médicaux conventionnels.

À propos de l'auteur

DR ET MAÎTRE ZHI Gang Sha est un guérisseur renommé dans le monde entier, un Grand Maître du Tao, un philanthrope, un humanitaire à l'échelle mondiale et le créateur des champs de guérison de la Calligraphie du Tao et de milliers de guérisseurs et d'enseignants. Il est le fondateur de Soul Mind Body Medicine™ (« Médecine Psychosomatique de l'Âme »), un système de guérison complet de l'âme, et de la Science du Tao, la science de la création et de la grande unification, ainsi que l'auteur de nombreux livres à ce sujet. Dr et Maître Sha a écrit vingt-six livres en anglais, dont onze best-sellers du *New York Times*, une série sur le Pouvoir de l'Âme, une série sur le Cœur et l'Âme.

Titulaire d'un diplôme de médecine en Chine et docteur en médecine traditionnelle chinoise en Chine et au Canada, Dr et Maître Sha est le fondateur de la Tao Academy™ et de Love Peace Harmony Foundation™, qui a pour but d'aider les familles dans le monde à avoir une vie plus en santé et plus heureuse. Grand maître de nombreuses disciplines ancestrales dont le tai-chi, le qigong, le kung fu, le *I Ching* et le feng shui, Dr et Maître Sha fut nommé Maître de Qigong de l'année lors du Cinquième Congrès Mondial de Qigong.

En 2006, Dr et Maître Sha a reçu le prestigieux prix de la Commission Commémorative de Martin Luther King pour ses efforts humanitaires. En 2016, il a été nominé pour les titres de Shu Fa Jia (書法家 Maître National en Calligraphie Chinoise) et Yan Jiu Yuan (研究員 Professeur Chercheur Honoraire), les deux plus hauts titres, rares et prestigieux, qu'un pratiquant de calligraphie chinoise peut recevoir de l'Académie de l'État Peinture Ethnique en Chine.

Made in the USA
Columbia, SC
13 June 2023